30天注意力提升

 第 一 阶 ｜训练册「学生用」

杨其铎 刘津 刘人嘉 著

湖南科学技术出版社

图书在版编目（ＣＩＰ）数据

30 天注意力提升．第一阶 / 杨其铎等著．— 长沙 : 湖南科学技术出版社，2019.1
（2022.3重印）
ISBN 978-7-5357-9993-7

Ⅰ．①3… Ⅱ．①杨… Ⅲ．①注意－能力培养－小学－教学参考资料 Ⅳ．①G625.5

中国版本图书馆 CIP 数据核字(2018)第 243869 号

30TIAN ZHUYILI TISHENG DIYIJIE
30 天注意力提升 第一阶

著　　者：杨其铎　刘　津　刘人嘉
出 版 人：潘晓山
责任编辑：何　苗　柏　立
出版发行：湖南科学技术出版社
社　　址：长沙市芙蓉中路一段416号泊富国际金融中心
网　　址：http://www.hnstp.com
湖南科学技术出版社天猫旗舰店网址：
　　　　　http://hnkjcbs.tmall.com
印　　刷：湖南天闻新华印务邵阳有限公司
　　　　　（印装质量问题请直接与本厂联系）
厂　　址：邵阳市东大路 776 号
邮　　编：422001
版　　次：2019 年 1 月第 1 版
印　　次：2022 年 3 月第 5 次印刷
开　　本：889mm×1194mm　1/16
印　　张：14.5（共二册）
书　　号：ISBN 978-7-5357-9993-7
定　　价：88.00 元(共二册)
（版权所有·翻印必究）

目　录

第 22 日 ……………………………………………………………………………………… 87

第 23 日 ……………………………………………………………………………………… 92

第 24 日 ……………………………………………………………………………………… 96

第 25 日 ………………………………………………………………………………………100

第 26 日 ………………………………………………………………………………………103

第 27 日 ………………………………………………………………………………………107

第 28 日 ………………………………………………………………………………………111

第 29 日 ………………………………………………………………………………………114

第 30 日 ………………………………………………………………………………………117

第 **1** 日

 **第一项　净心训练**　　**静坐（5 分钟）**

目的　通过此项训练，使学生的心和身都静下来，以空灵的状态专心接受下面的各项训练。

准备　准备好做训练用的桌子、椅子或者一块垫子。一个一次性杯子，里面装进约 1—2 厘米高的大米或小米，上口用胶纸封好。

要求　孩子端坐在椅子上或者盘腿坐在垫子上，两手放于膝盖；将装有米的杯子顶在头顶上；腰背挺直，全身肌肉放松；闭目；均匀呼吸，并逐渐放慢。一边数呼吸的次数，一边听轻柔舒缓的音乐，这样持续坐 5 分钟。

记录　将在 5 分钟内呼吸的次数及杯子掉下来的次数记录在下面的训练报告表中。

目标　逐渐达到静坐时呼吸的次数和头顶杯子掉下的次数一次比一次少为好。

训练报告表

第一项　净心训练 静坐	所用时间：　　　分	呼吸次数：　　　次	掉杯子数：　　　次

 **第二项　定点注视**　　**注视一点不动**

目的　通过此项训练，激活视网膜上的锥体细胞、杆体细胞，增强视觉集中能力。

准备　从"教材·答案册"书后取出卡片 1。

要求　将卡片 1 平置于距离眼睛 20 厘米处，目不转睛地连续盯视 1 分钟，尽量不眨眼睛，看黑点下面是否出现白色晃动的光晕。之后，眼睛看着墙壁，墙壁上应该出现一个白色的点子。数从看到白色点子到点子消失时间的长短（可数数，一秒一个数计）。连续做三次。

记录　把从看到白点子到消失的时间记录在下面的训练报告表中。

目标　逐渐达到白色光晕出现得越来越快，墙上白色点子持续的时间越来越长为好。

训练报告表

第二项　定点注视 注视一点不动	第一次影像延续时间	第二次影像延续时间	第三次影像延续时间
	秒	秒	秒

第三项　听觉集中　数出几个指定数字的数目

目的　通过此项，训练学生的听觉，提高能够排除其他数字的干扰，集中于指定目标的能力。

要求　听家长读数列，数出指定数字（"1"，"3"，"5"）各有几个。听一遍数列，数一个数字，例如：听第一遍时，数有几个"1"，听第二遍，数有几个"3"……。数三个数字，要听三遍。

注意　不能用笔计数。

记录　把每个指定数字（3个）的数目记录在下面的训练报告表中。

目标　以不用手指计数，用心计数为好；以数对的多为好，数对3个最好。

训练报告表

第三项　听觉集中 数出几个指定数字 的数目	1：　　　　　个	3：　　　　　个	5：　　　　　个

第四项　注意力测试　视觉测试

目的　检测在未参加此册训练前（第1日）学生的视觉注意水平，以便和此册训练完之后（第30日）的情况做比较。

准备　从"教材·答案册"书后取出"注意力测试题查值卡"。

方法　请看下面的"注意力测试题查值卡"截图，表中的第一横行是英文字母，竖列最左第一列是数字序号1、2、3……。而在表的中间部分都是数字，即是不同的数值。

注 意 力 测 试 题 查 值 卡（截图）

序	A	J	K	L	V	W	X	B	Z	C	H	M	G	F	D	R	Y	S	T	Q	I	O	P	N
1	6	5	4	2	2	3	2	4	7	8	9	0	6	5	8	9	4	3	5	4	4	6	5	2
2	4	4	5	4	1	2	3	4	8	8	9	0	9	0	5	8	3	4	5	2	5	8	9	5
3	4	7	6	3	4	7	8	3	4	9	5	1	9	1	9	1	8	3	1	3	1	3	6	7	5

方法举例 在"注意力测试题查值卡"中找到题目 3K 的数值。先在"注意力测试题查值卡"中找到竖列的序号 3，再找到卡中第一横行中的 K。然后沿着 3 的横行向右找，再沿着 K 的竖列向下找，找到横向和竖向交点处的数字"6"，即是 3K 的数值。所以 3K=6。

又如：找 Q2 的数值。沿着 Q 的竖列向下找，又沿着 2 的横行向右找，至找到横向和竖向的交点"2"，即是 Q2=2。

注意 "测试题答卷"的题目中，有的数字在前，字母在后；有的字母在前，数字在后。这是有意搞乱次序的编排，目的是为了训练学生的能力，使思维不被次序所固定。所以测试时，要看清数字和字母。

测试 在"测试题答卷"上找到"题目"一栏，其中有"1K"，"1H"，"5X"等题目。然后按照测试方法找到答案，再把答案写在该题目下边的"答案"一格中。例如：1K=4，就在正对"1K"下面的"答案"一格中写上"4"即可。

测 试 题 答 卷

题目	1K	1H	5X	C5	A7	O2	1V	3K	9Z	X9	W8	N12	2M	L5	Z19
答案															
题目	B5	4H	L1	12Z	19H	5L	J7	C1	I18	8R	M20	13S	2N	4Q	P20
答案															
题目	6G	3F	3R	14Y	2T	L17	18C	4D	3X	5Y	1Q	V13	13J	4B	5R
答案															
题目	9S	G8	B2	5J	3W	4L	7Q	13K	Z11	5T	8R	17X	9D	1Y	I4
答案															
题目	F33	T38	27P	22D	Z21	C16	31M	24W	35H	Y37	D33	28X	33T	29O	F39
答案															
题目	13B	G15	22X	28S	34Q	37N	9W	14J	28F	32D	37W	H34	K25	18B	I24
答案															
题目	36X	31O	25C	23P	40H	36F	V39	4D	15K	30S	24Y	21J	H25	15X	33I
答案															
题目	24F	28W	36G	39Q	R31	T34	H37	X32	K27	33X	29F	27X	32H	D37	T18
答案															

记录

1. 把全部做完上面 120 题的时间记录在下面的训练报告表中。

2. 家长把学生的"测试题答卷"对照"测试题答案"（"教材·答案册"第 1 日第四项），找出错误的个数，并计算错误个数所占的百分比（错误个数／题目总数）。再把结果写到下面的训练报告表中。

目标　以所用时间少，错误少为好。这个测试在此册注意力训练前（第 1 日）做一次，训练结束后（第 30 日）再做一次。两次的比较值，即为视觉注意水平的提高程度。

训练报告表

第四项　注意力测试 **视觉测试**	题目总数：　　120 个	错误个数：　　　　　个
	所用时间：　分　　秒	错误个数所占百分比： 　错误个数／题目总数＝　　　　％

第五项　注意力测试　　听觉测试

目的　检测在未参加此册训练前（第 1 日）学生的听觉注意水平，以便和训练后（第 30 日）的情况进行比较。

方法　学生集中注意力听家长读句子。家长读完第一句，学生重复第一句；家长再读第二句，学生重复第二句……测试标准以一字不错地重复出来为正确。

记录

1. 记录学生能够正确重复的句子数，并写在下面的训练报告表中。

2. 计算正确句子数所占的百分比（正确句子数／题目总数），把结果写在下面的训练报告表中。

目标　以能够正确重复的句子多为好。这个测试在此册注意力训练前（第 1 日）做一次，训练结束后（第 30 日）再做一次。两次的比较值，即为听觉注意水平的提高程度。

训练报告表

第五项　注意力测试 **听觉测试**	句子总数：　　12 句	正确重复的句子数：　　　　句
	正确句子所占百分比：正确句子数／题目总数＝　　　　　　％	

第 2 日

第一项　净心训练　　静坐（6分钟）

训练内容参照第 1 日第一项。

要求　学生端坐，两手放于膝盖；将装米的杯子置于头顶；腰背挺直，全身放松；闭目；均匀呼吸，并逐渐放慢。边数呼吸的次数，边听音乐。这样持续坐 6 分钟。

训练报告表

第一项　净心训练 静坐	所用时间：　　　分	呼吸次数：　　　次	掉杯子数：　　　次

第二项　视觉追踪　　扫视直线

目的　通过此项练习，随着视线快速追随直线左右移动，训练了眼周的睫状肌，并促进了眼周的循环。从而增强眼睛的视觉功能，并降低发生近视的几率。

准备　从"教材·答案册"书后取出卡片 2。

要求　将卡片 2 平置，眼睛距图 20 厘米或再近，头不转动（头上也可以顶装有米的杯子）。眼睛由黑圈开始沿箭头方向快速向黑点处扫视，之后，再返回向黑圈处扫视。以从黑圈到黑点，再由黑点返回到黑圈为一次。

注意　在扫视的过程中，必须控制住头不要转动，还要把线上的每个黑点看清楚，不能一带而过。

记录　将一分钟时间内，扫视的次数写在下面的训练报告表中。共扫视 3 个一分钟，记录 3 次。

目标　在规定的一分钟时间内，以扫视的次数多为好。

训练报告表

第二项　视觉追踪 扫视直线	第一次扫视的次数	第二次扫视的次数	第三次扫视的次数
	次	次	次

第三项　听觉集中　　数出几个指定汉字的数目

目的　通过此项练习，训练学生能够排除其他汉字的干扰，集中于指定目标的听觉能力。在"简答"的环节中，可以培养听觉理解和记忆。是多种能力的综合训练。

要求　听家长读故事《家掉到水里去了》，数出指定汉字（"家"，"水"，"小"，"鸟"）各有几个。听一遍故事，数一个汉字，数四个汉字，要听四遍。

回答"简答"问题，要在家长读了第一遍故事后立即提问，如果学生不能适应，可以改为读两遍后提问。经过训练，争取达到听一遍后就能够回答出来。

回答问题时，学生如果具备笔答能力，可以书写；否则，口答亦可（家长代写）。

注意　不能用笔计数。

记录　把每个指定汉字（4个）的数目记录在下面的训练报告表中。

目标　以不用手指计数，用心计数为好；以数对的指定数字越多越好。

训练报告表

第三项　听觉集中 数出几个指定汉字 的数目	家：　　　　个	水：　　　　个	小：　　　　个	鸟：　　　　个
	简答	1 题：		
		2 题：		

第四项　视觉分辨　　找出横线两边不同的数字

目的　通过对比横线两边数列中数字的不同，训练视觉的分辨能力。

要求　将横线右面数列中与左面对应数列不同的数字划出来，例如"18—16"中应划出"6"。

目标　以划错的不同数字越少越好。

训练

32 — 32	81 — 71
18 — 16	69 — 69
23 — 27	84 — 44
95 — 93	58 — 38
68 — 68	60 — 90

图 1

67 — 76	07 — 09
39 — 38	58 — 58
89 — 89	57 — 43
24 — 57	96 — 96
50 — 05	33 — 88

图 2

 **第五项　听觉记忆**　　**听记数列**

　　目的　通过训练，提高学生听知觉的记忆能力。

　　要求　家长读数列，学生记住家长读的数列，再写出数列。注意要听完一组数列写一组，然后，再听第二组，再写第二组。不能边听边记。

　　记录　学生将记忆的数列写到训练报告表中。

　　目标　以听记正确的数列越多越好。

训练报告表

第五项　听觉记忆 **听记数列**	1 题：	
	2 题：	
	3 题：	

第六项　视觉转移　　算数加法计算

目的　通过加法计算练习，一方面加深了对加法计算的熟练程度，另一方面又会因为不断地在表格中进行移位、写数训练，而提高了视觉转移的能力。

要求

1.看清格中第一个数字为3，第二个数字为5。二数相加：3+5=8，将和数"8"写在"5"的右面。

2.再将第二和第三个数相加：5+8=13，和数写入第四格内。但此时，因为和数超过10，就自动减去10，只写个位数"3"（注意　当和数超过10时，只写个位数即可）。

3.继续将第三和第四个数相加……直至出现与第一、第二数（3、5）相同的数时为止。此即是出现的数循环。

4.数出循环出现前共有多少个数，即从开始的"3"数至循环的"3"出现之间的数字总数。

记录　把循环数的个数和发生错误、重新计算的次数写在下面的训练报告表中。

训练

1 题

3	5	8	3																

2 题

2	7	9																	

目标 此项需要很细心地进行计算，只要有一处地方出错，后面的就全部错下去。如果一旦出现不循环或很快就开始循环，就是出错了，要重新开始计算。这个练习以重复计算的次数少，所需时间又短为好。

训练报告表

第六项 视觉转移 算数加法计算	1 题：在计算过程中错 次	1 题：循环数的个数：
	2 题：在计算过程中错 次	2 题：循环数的个数：

第 **3** 日

第一项　净心训练　静坐（7分钟）

训练内容参照第 1 日第一项。

要求　学生端坐，两手放于膝盖；将装米的杯子置于头顶；腰背挺直，全身放松；闭目；均匀呼吸，并逐渐放慢。边数呼吸的次数，边听音乐。这样持续坐 7 分钟。

训练报告表

第一项　净心训练 静坐	所用时间：　　分	呼吸次数：　　次	掉杯子数：　　次

第二项　视觉追踪　扫视直线

训练内容参照第 2 日第二项。

准备　从"教材·答案册"书后取出卡片 3

要求　平置卡片 3，眼睛距图 20 厘米或再近，

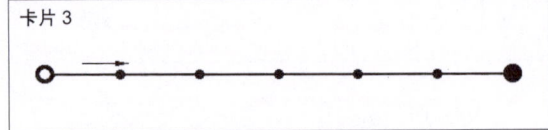

头不动。眼睛由黑圈开始沿箭头方向快速向黑点处扫视，之后，再反回向黑圈处扫视。以从黑圈到黑点，再由黑点返回到黑圈为一次。扫视 3 个一分钟。

训练报告表

第二项　视觉追踪 扫视直线	第一次扫视的次数	第二次扫视的次数	第三次扫视的次数
	次	次	次

第三项　听觉集中　数出几个指定数字的数目

训练内容参照第 1 日第三项。

要求　听家长读数列，数出指定数字（"2"，"4"，"6"）各有几个，并将答案写在下面的训练报告表中。数三个数字，要听三遍。

训练报告表

第三项　听觉集中 数出几个指定数字 的数目	2：　　　　个	4：　　　　个	6：　　　　个

第四项　视觉分辨　　数叠加图形中相同图形的数目

目的　通过练习，在比较的过程中，提高视觉的分辨能力，又开发了右脑的形象思维能力。

要求　在图中寻找与图下面标准图相同的图，并将各种图形的数目写在标准图旁的空格中。

目标　以找对的图形越多越好。

训练

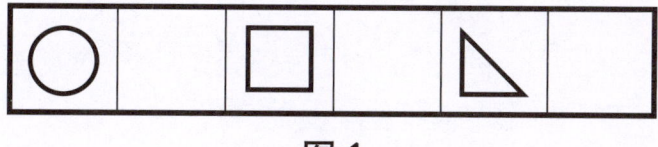

图 1

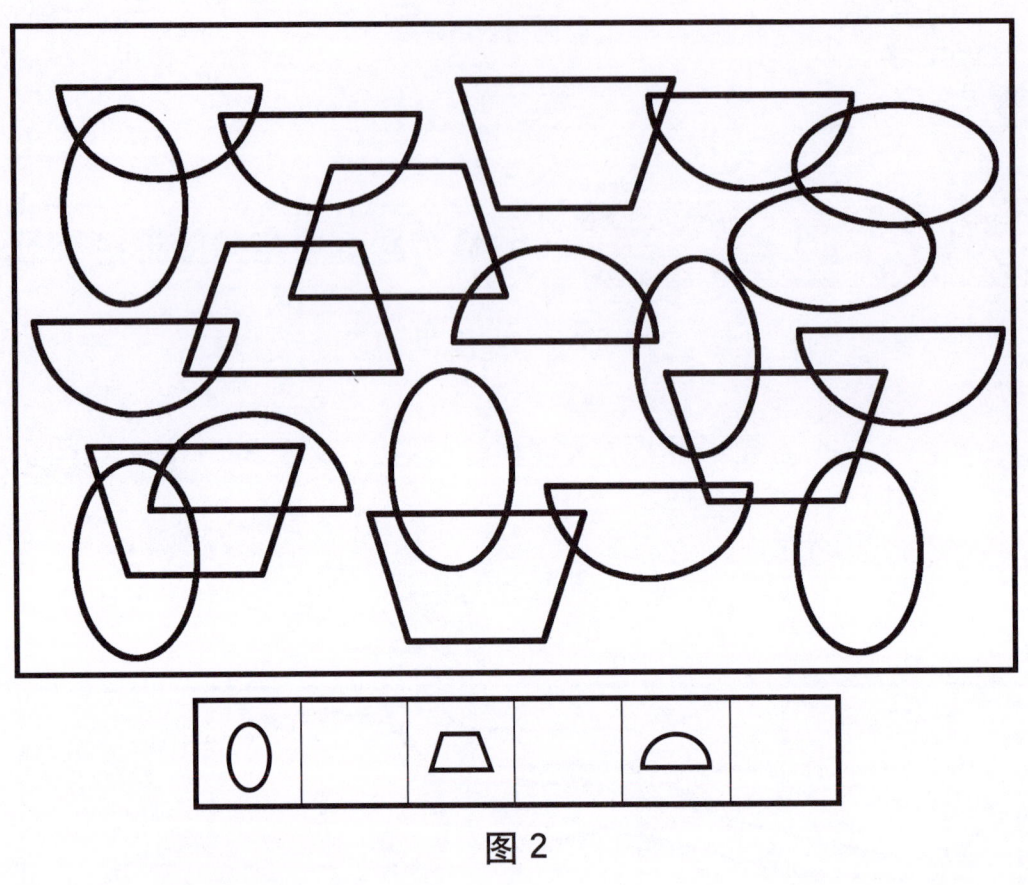

图 2

第五项　听觉分辨　找出两句话中不同的词组

目的　通过此项训练，不仅提高了学生的听觉分辨能力，而且训练了学生"心静"，以逐渐克服"浮躁"的心态。

要求　听家长读几题很相近的两句话。家长先把某题的两个句子读完，再读两遍，每题共读三遍。学生找出两句话中不同的一对词组，例如："小明很开心。"和"小明很高兴。"这两句话中，不同的词组应该是"开心—高兴"。

记录　将五题中不同的一对词组写在下面的训练报告表中。答案中要把不同的一对词组都写出来。例如"开心—高兴"，在每对词组中间还要画一条短横线。

目标　以听到五题中不同的一对词组都正确为好。

训练报告表

第五项　听觉分辨 **找出两句话中不同的词组**	1 题：	4 题：
	2 题：	5 题：
	3 题：	

第六项　视觉转移　　**算数减法计算**

目的　通过减法计算练习，一方面加深了对减法计算的熟练程度，另一方面又会因为不断地在表格中进行移位、写数训练，而提高了视觉转移的能力。

要求

1.看清格中第一个数字为 5，第二个为 2。前数减后数：5−2=3，将差数"3"写在"2"的右面。

2.再将第二和第三个数做前数减后数：2−3，但 2<3，不能减。此时自动将被减数"2"变为 12 再减 3：12−3=9，然后将差数"9"写入第四格，3 的右面（注意：当前一个数不能减后一个数时，自动将前数变为十几，再进行减法计算）。

3.继续做前数减后数（第三个数减第四个数）……直至出现与第一、第二数（5、2）相同的数时为止。此即是出现的数循环。

4.数出循环出现前共有多少个数，即从开始的 5 数至循环的 5 出现之间的数字总数。

记录　把循环数的个数和发生错误、重新计算的次数写在下面的训练报告表中。

训练

1 题

5	2	3	9															

2 题

| 5 | 1 | 4 | | | | | | | | | | | | | | | | |

目标　此项需要很细心地进行计算，只要有一处地方出错，后面的就全部错下去。如果一旦出现不循环或很快就开始循环，就是出错了。要重新开始计算。这个练习以重复计算的次数少，所需时间又短为好。

训练报告表

第六项　视觉转移 **算数减法计算**	1 题：在计算过程中错　　　次	1 题：循环数的个数：
	2 题：在计算过程中错　　　次	2 题：循环数的个数：

第 **4** 日

 **第一项　净心训练**　静坐（8分钟）

训练内容参照第1日第一项。

要求　学生端坐，两手放于膝盖；将装米的杯子置于头顶；腰背挺直，全身放松；闭目；均匀呼吸，并逐渐放慢。边数呼吸的次数，边听音乐。这样持续坐8分钟。

训练报告表

第一项　净心训练 静坐	所用时间：　　　　分	呼吸次数：　　　　次	掉杯子数：　　　　次

 **第二项　视觉追踪**　扫视直线

训练内容参照第2日第二项。

准备　从"教材·答案册"书后取出卡片4。

要求　平置卡片4，眼睛距图20厘米或再近，头不动。眼睛由黑圈开始沿箭头方向快速向黑点处扫视，之后，再反回向黑圈处扫视。以从黑圈到黑点，再由黑点返回到黑圈为一次。扫视3个一分钟。

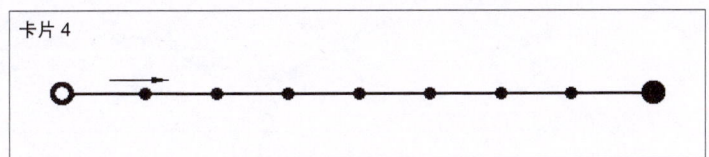

卡片4

训练报告表

第二项　视觉追踪 扫视直线	第一次扫视的次数	第二次扫视的次数	第三次扫视的次数
	次	次	次

 第三项　听觉集中　　**数出几个指定汉字的数目**

训练内容参照第 2 日第三项。

要求　听家长读故事《小老鼠偷米》，数出指定汉字（"粒"，"跳"，"小"，"米"）各有几个，并回答"简答"提问。将答案写在下面的训练报告表中。

训练报告表

第三项　听觉集中 **数出几个指定汉字 的数目**	粒：　　　个	跳：　　　个	小：　　　个	米：　　　个
	简答	1 题：	2 题：	
		3 题：	4 题：	
		5 题：		

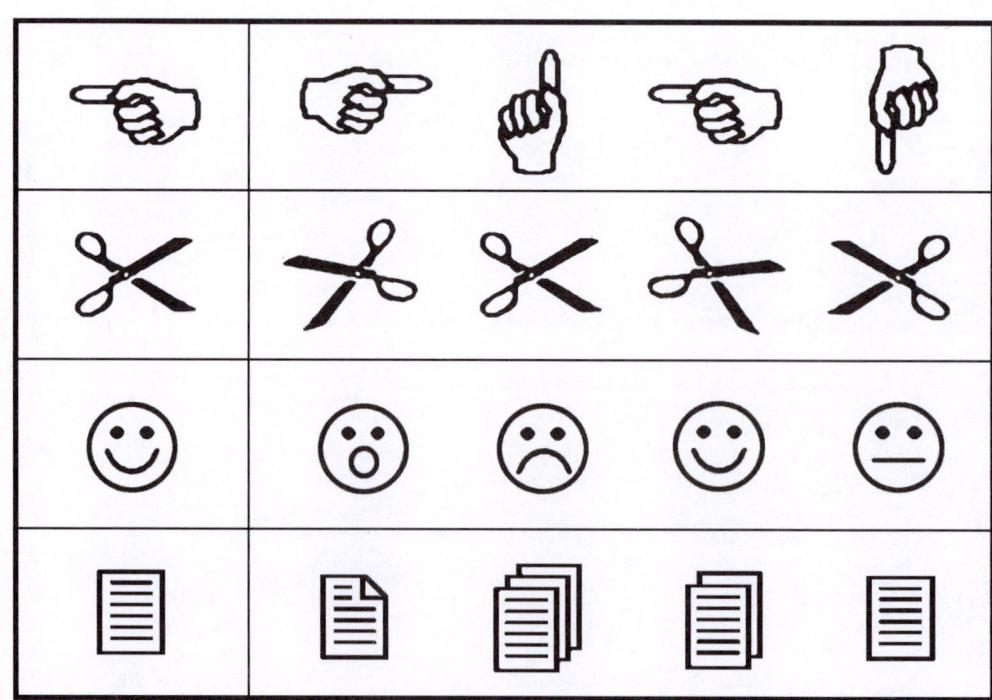

第四项　视觉分辨　　**找出与标准图相同的图**

目的　通过选择和比较的练习，提高视觉的分辨能力。
要求　寻找与左面标准图相同的图，并在选中的图上做出标记。
目标　以选对的越多越好。
训练

图 1

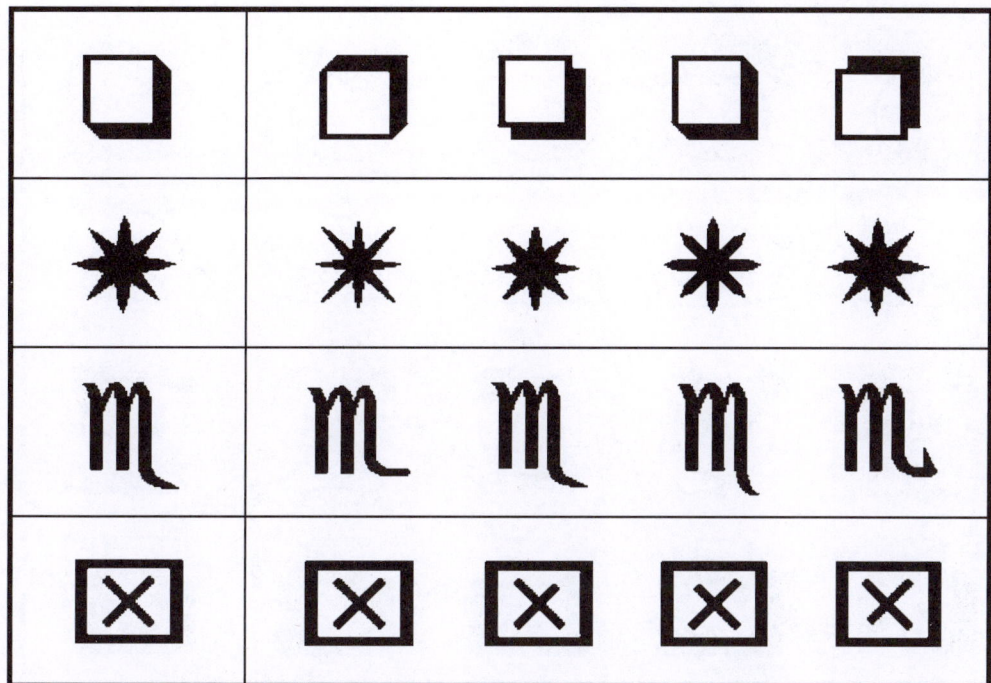

图 2

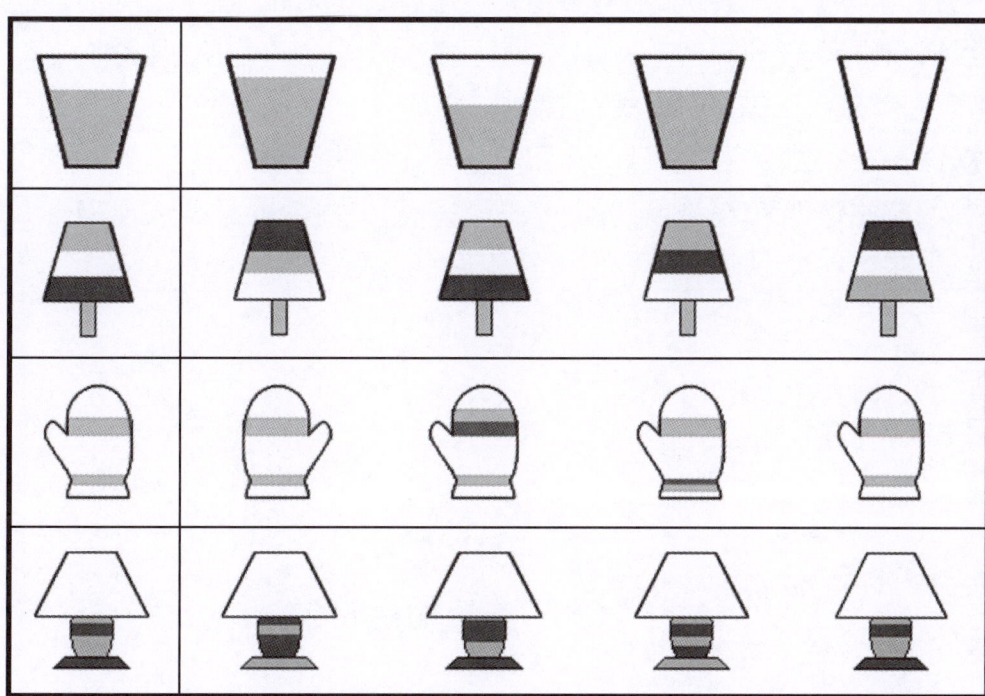

图 3

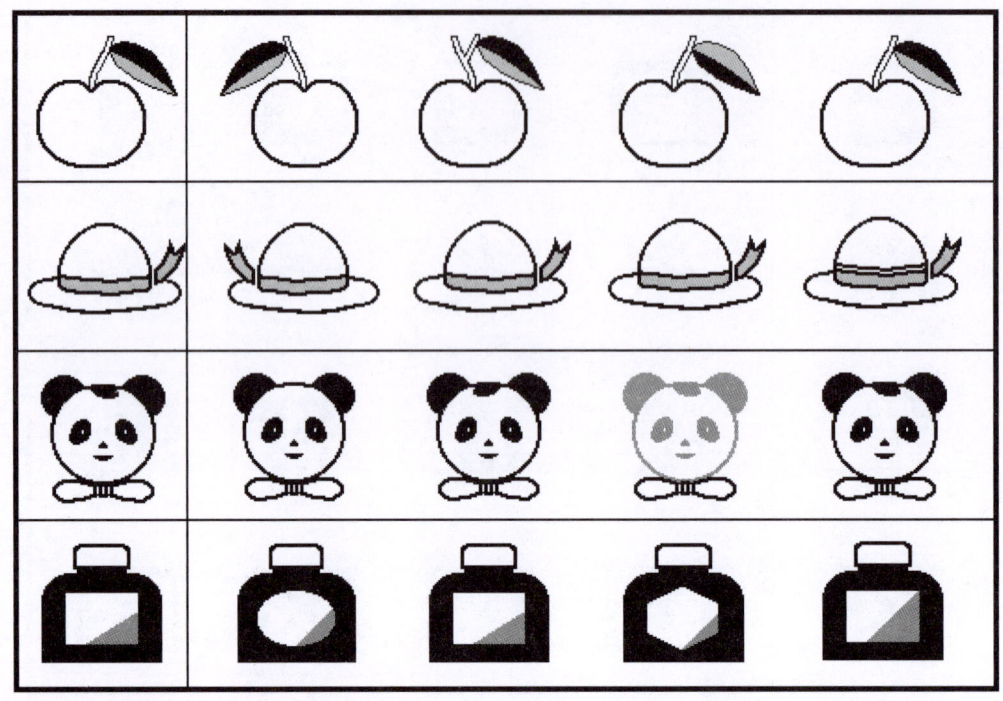

图 4

第五项　听觉集中　记录数列中按数序排列缺失的数字

目的　通过此项练习，既巩固对数序的认知，又提高听觉的分辨和记忆能力。

要求　家长读一个数列，学生认真听，看缺失了什么数。例如：数列 1、2、3、5……，在听的过程中就感觉到缺失了 4，即可将 4 写到表中。

家长一秒钟读一个数，读完一题，待学生写完缺失数后，再读下一题。

记录　提示学生边听边将找到的缺失数字写在下面的训练报告表中。

目标　以记录数序中缺失数字的正确率越高越好。

训练报告表

第五项　听觉集中 记录数列中按数序排列 缺失的数字	1 题：	2 题：
	3 题：	4 题：

第六项　视觉转移　算数加法计算

要求　按题目要求做加法计算。

1. 将相邻二数相加，例如 6+9 等于 15，将和数的个位"5"写在第三格内。

2. 再将第二和第三个数相加，和数写入第四格内（超过 10 的，只写个位数。例如 9+5=14，就只把"4"写在第四格内）。

3. 直至出现与第一、第二数相同的数循环时为止。

4. 数出循环出现前共有多少个数。

5. 把循环数的个数和发生错误、重新计算的次数写在下面的训练报告表中。

训练

1 题

6	9	5																			

2 题

5	9	4																			

训练报告表

第六项　视觉转移 **算数加法计算**	1 题：在计算过程中错　　次	1 题：循环数的个数：
	2 题：在计算过程中错　　次	2 题：循环数的个数：

第 **5** 日

第一项 净心训练 　静坐 （9分钟）

训练内容参照第 1 日第一项。

要求　学生端坐，两手放于膝盖；将装米的杯子置于头顶；腰背挺直，全身放松；闭目；均匀呼吸，并逐渐放慢。边数呼吸的次数，边听音乐。这样持续坐 9 分钟。

训练报告表

第一项　净心训练 静坐	所用时间：　　分	呼吸次数：　　次	掉杯子数：　　次

第二项 视觉追踪 　扫视折线

目的　通过此项练习，随着视线快速追随直线左右上下移动，训练了眼周的睫状肌，促进了眼周的循环。从而增强眼睛的视觉功能，降低发生近视的几率。

准备　从"教材·答案册"书后取出卡片 5。

要求　头不转动，眼睛平视卡片 5，距离图 20 厘米或再近一些。扫视时，眼睛从黑圈沿着箭头扫视到右面的黑点，再沿线向下扫视到左下的黑点，然后再按原路折回（右扫到黑点，再左扫到黑圈）为一次。

注意　扫视的过程中，头不能转动，眼睛一定要看清楚黑线。

记录　把在一分钟时间里扫视折线的次数写到下面的训练报告表中。共扫视 3 个一分钟，并记录 3 次。

目标　在规定时间内，以扫视的次数多为好。

训练报告表

第二项　视觉追踪 扫视折线	第一次扫视的次数	第二次扫视的次数	第三次扫视的次数
	次	次	次

第三项　听觉集中　　数出几个指定数字的数目

训练内容参照第 1 日第三项。

要求　听家长读数列，数出指定数字（"7，"8"，"9"，"0"）各有几个，并将答案写在下面的训练报告表中。数四个数字，要听四遍。

训练报告表

第三项　听觉集中 数出几个指定数字 的数目	7:　　　个	8:　　　个	9:　　　个	0:　　　个

第四项　视觉分辨　　找出数序表中缺失的数字

目的　通过此项练习，进一步巩固正数序和倒数序的排列，并提高了视觉分辨能力。

要求　表 1 按正数序 1 ～ 16，表 2 按倒数序 16 ～ 1 寻找数序表中缺失的数字，并把缺数写在表下面的空格中。

目标　以填写缺失的数字全部正确为最好。

13	2	1	11
6	14	4	7
9	10	16	8

表 1

3	11	8	15
10	2	13	9
12	5	4	6

表 2

 第五项　听觉分辨 　找出三句话中相同的词组

目的　通过此项训练，不仅提高了学生的听觉分辨能力，而且训练了学生"心静"，以逐渐克服"浮躁"的心态。

要求　听家长读几题中三句不同内容的话，学生找出三句话中相同的一个词组。家长先把某题的三个句子读完，再读两遍，每题读三遍。

记录　学生将每题中一个相同的词组写在下面的训练报告表中。

目标　以找出每题中相同的一个词组都正确为好。

训练报告表

第五项　听觉分辨 **找出三句话中相同的词组**	1 题：
	2 题：
	3 题：
	4 题：
	5 题：

 **第六项　视觉转移** 　算数减法计算

要求　按题目要求做减法计算。

1. 将前数减后数，例如 5−3=2，将差数 2 写在第三格内。

2. 再将第二个数减第三个数，差数写入第四格内（不能减时，被减数自动变为十几。例如 3−7，就自动变为 13−7=6）。

3. 直至出现与第一、第二数相同的数循环时为止。

4. 数出循环出现前共有多少个数。

5. 把循环数的个数和发生错误、重新计算的次数写在训练报告表中。

训练

1 题

5	3	2														

2 题

5	4	1														

训练报告表

第六项　视觉转移 **算数减法计算**	1 题：在计算过程中错　　次	1 题：循环数的个数：
	2 题：在计算过程中错　　次	2 题：循环数的个数：

第 **6** 日

第一项　净心训练　静坐（10 分钟）

训练内容参照第 1 日第一项。

要求　学生端坐，两手放于膝盖；将装米的杯子置于头顶；腰背挺直，全身放松；闭目；均匀呼吸，并逐渐放慢。边数呼吸的次数，边听音乐。这样持续坐 10 分钟。

训练报告表

第一项　净心训练 **静坐**	所用时间：　　　分	呼吸次数：　　　次	掉杯子数：　　　次

第二项　视觉追踪　扫视折线

训练内容参照第 5 日第二项。

准备　从"教材·答案册"书后取出卡片 6。

要求　眼睛平视卡片 6，距图 20 厘米或再近。扫视时，眼睛从黑圈按箭头的指向、沿黑线扫视到第三个黑点，再按原路折回到黑圈为一次。注意　扫视过程中，头不能转动，眼睛一定要看清黑线。共扫视 3 个一分钟。

卡片 6

训练报告表

第二项　视觉追踪 **扫视折线**	第一次扫视的次数	第二次扫视的次数	第三次扫视的次数
	次	次	次

第三项　听觉集中　数出几个指定汉字的数目

训练内容参照第 2 日第三项。

要求　听家长读故事《木马摇了》，数出指定汉字（"豆"，"马"，"小"，"吃"）各有几个，并回答"简答"提问。将答案写在下面的训练报告表中。

训练报告表

第三项 听觉集中 **数出几个指定汉字的数目**	豆: 个 马: 个 小: 个 吃: 个	
	简答	1题:	2题:
		3题:	4题:
		5题:	

第四项 视觉分辨 数相同图形的数目

目的 通过此项训练，提高视觉的分辨能力，同时也磨练了克服困难的意志力（当最后各种图形的总数之和不同于图中30个图形数时，要反复检查，直至全部正确为止。这即是磨练意志的过程）。

要求 在下图中数出相同图形的数目，并将各种图形的数目写在图下面的空格中。

注意 数的时候，要一行一行自上而下，或一列一列从左至右地数，才不会数丢或重复数。

目标 以速度越快、正确率越高越好。

 **第五项　听觉记忆**　　**倒述三字短句**

目的　通过倒述短句，不仅提高听觉集中、听觉记忆能力，还训练了思维反应速度。

要求　听家长读一个三个字的短句，学生把这个短句倒过来复述。例如：把"我读书"说成"书读我"。

记录　把说错的句子数写在训练报告表中。

目标　以读错的短句少为好，以反应逐渐加快为好。

训练报告表

第五项　听觉记忆 **倒述三字短句**	读错：　　　　　句	反应速度：

 **第六项　知觉转移**　　**口手配合**

目的　通过此项练习，既可以进一步熟练数序排列，又可以通过大脑指挥手、口将数字、语言和动作准确配合，有效地训练了知觉的转移。

要求　大声从 1 顺数到 50，逢 3 不出声，用拍手代替。例如数到"13"时，就先说"10"，然后拍一下手，代替"3"。把从 1 数到 50 时，说错和拍错手的次数写在下面的训练报告表中。

记录　把说错和拍错的次数记在下面的训练报告表中

目标　以拍错的次数越少越好。

训练报告表

第六项　知觉转移 **口手配合**	以拍手代替数数，说错、拍错：　　　　　次

第 **7** 日

第一项　净心训练　　静坐（10 分钟）

训练内容参照第 1 日第一项。

要求　学生端坐，两手放于膝盖；将装米的杯子置于头顶；腰背挺直，全身放松；闭目；均匀呼吸，并逐渐放慢。边数呼吸的次数，边听音乐。这样持续坐 10 分钟。

训练报告表

第一项　净心训练 **静坐**	所用时间：　　　　分	呼吸次数：　　　　次	掉杯子数：　　　　次

第二项　视觉追踪　　扫视折线

训练内容参照第 5 日第二项。

准备　从"教材·答案册"书后取出卡片 7。

要求　眼睛平视卡片 7，距图 20 厘米或再近。扫视时，眼睛从黑圈按箭头的指向、沿黑线扫视到第四个黑点，再按原路折回到黑圈为一次。

注意　扫视过程中，头不能转动，眼睛一定要看清黑线。共扫视 3 个一分钟。

卡片 7

训练报告表

第二项　视觉追踪 **扫视折线**	第一次扫视的次数	第二次扫视的次数	第三次扫视的次数
	次	次	次

第三项　听觉集中　　**数出几个指定数字的数目**

训练内容参照第 1 日第三项。

要求　听家长读数列，数出指定数字（"0"，"1"，"2"，"3"）各有几个，并将答案写在下面的训练报告表中。数四个数字，要听四遍。

训练报告表

第三项　听觉集中 **数出几个指定数字 的数目**	0：　　　个	1：　　　个	2：　　　个	3：　　　个

第四项　视觉分辨　　找出横线两边不同的数字

训练内容参照第 2 日第四项。

要求　将横线右面数列中与左面对应数列不同的数字划出来。

训练

555 — 575　　209 — 297

323 — 232　　359 — 359

747 — 774　　606 — 066

613 — 613　　492 — 924

397 — 387　　861 — 891

571 — 517　　688 — 886

图1

742 — 743　　596 — 586

272 — 372　　708 — 708

535 — 585　　690 — 609

135 — 531　　846 — 864

438 — 843　　565 — 565

200 — 020　　101 — 110

图2

 **第五项　听觉转移** 按词组的分类画符号

目的　此项练习既训练了听觉转移能力，也训练了对于词组归类的分辨能力。

要求　听家长按顺序读 40 个词组，当听到词组属于"水果"类时，在相应的格子内画符号"√"。例如：读到第 5 个是"苹果"，你就应该在第 5 个格子内画"√"。如果画到第 6 格内，就是错误的。

记录　将画错的个数写在下面的训练报告表中。

目标　以画错的个数越少越好。

训练

1	2	3	4	5	6	7	8	9	10
11	12	13	14	15	16	17	18	19	20
21	22	23	24	25	26	27	28	29	30
31	32	33	34	35	36	37	38	39	40

训练报告表

第五项　听觉转移 按词组的分类画符号	画错：　　　　　个

 **第六项　视觉集中** 读数字

目的　通过练习，提高视觉的集中能力。

要求　要准确、清晰而尽快地读 250 个数字。

训练

14159	26535	89793	23846	26433
83279	50288	41971	69399	37510
58209	74944	59230	78164	06286

20899	86280	34825	34211	70679
82148	08651	32823	06647	09384
46095	50582	23172	53594	98128
48111	74502	84102	76193	85211
05559	64462	29489	54930	38196
44288	10975	66593	34461	28475
64823	37867	83165	27120	19091

记录　请家长帮助检测读数的情况，把读错的次数和全部读完所用时间写在训练报告表中。

目标　以读错的数字越少越好，时间越短越好。

训练报告表

第六项　视觉集中 **读数字**	读错的数字：　　　　　　个	所用时间：　　分　　秒

第8日

第一项　净心训练　　静坐（10分钟）

训练内容参照第1日第一项。

要求　学生端坐，两手放于膝盖；将装米的杯子置于头顶；腰背挺直，全身放松；闭目；均匀呼吸，并逐渐放慢。边数呼吸的次数，边听音乐。这样持续坐10分钟。

训练报告表

第一项　净心训练 静坐	所用时间：　　　分	呼吸次数：　　　次	掉杯子数：　　　次

第二项　视觉追踪　　扫视折线

训练内容参照第5日第二项。

准备　从"教材·答案册"书后取出卡片8。

要求　眼睛平视卡片8，距图20厘米或再近。扫视时，眼睛从黑圈按箭头的指向、沿黑线扫视到第五个黑点，再按原路折回到黑圈为一次。注意　扫视过程中，头不能转动，眼睛一定要看清黑线。共扫视3个一分钟。

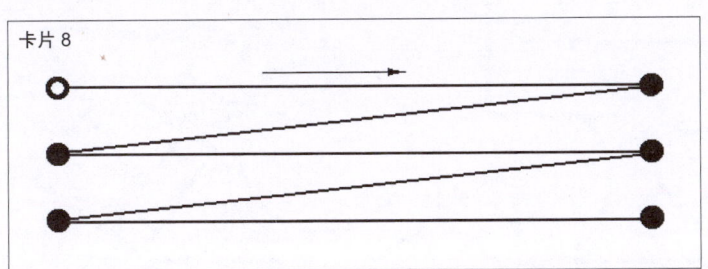

卡片8

训练报告表

第二项　视觉追踪 扫视折线	第一次扫视的次数	第二次扫视的次数	第三次扫视的次数
	次	次	次

第三项　听觉集中　　数出几个指定汉字的数目

训练内容参照第 2 日第三项。

要求　听家长读故事《十个手指》，数出指定汉字（"指"，"手"，"一"，"不"）各有几个，并回答"简答"提问。将答案写在下面的训练报告表中。

训练报告表

第三项　听觉集中 **数出几个指定汉字 的数目**		指：　　　个	手：　　　个	一：　　　个	不：　　　个
	简答	1 题：	2 题：		
		3 题：		4 题：	
		5 题：			

第四项　视觉分辨　　数叠加图形中相同图形的数目

训练内容参照第 3 日第四项。

要求　数出图中与标准图形相同图的数目，并将各图形的数目写在标准图右面的空格中。

训练

图 1

图 2

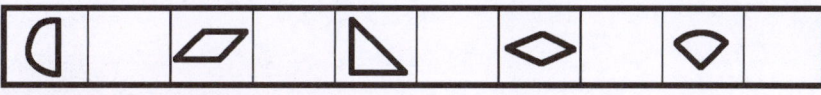

第五项　听觉记忆　听记数列

训练内容参照第 2 日第五项。

要求　家长读数列，学生记住家长读的数列。听完一组数列后再将该数列写在训练报告表中，不能边听边记。

训练报告表

第五项　听觉记忆 听记数列	1 题：	
	2 题：	
	3 题：	

 **第六项　视觉理解**　　组字成句

目的　通过在几个排列混乱的汉字中，寻找它们之间的关系，既理解了字义，提高了思维能力，也训练了语言表述能力。

要求　把几个排列混乱的汉字组成一句符合逻辑的通顺的句子。例如："爹歌妈书唱爱看爱"，应该组成句子"爹爱看书妈爱唱歌"。

记录　将答案写在下面的训练报告表中。

目标　以组成通顺的句子越多越好。

训练

1题　爱生学我字	2题　天下今雨大	3题　友个八小朋
4题　很冬吃瓜好	5题　宝人是小好	6题　老会洞鼠打
7题　云上在天白	8题　游夏去泳天	9题　花见我红看
10题　幼他园去儿	11题　大好的亮月	12题　天桃春开花
13题　叶绿花和红	14题　瓜果是西水	15题　子下口有鼻
16题　节六童儿一	17题　生是我小学	18题　子爬猴树爱
19题　家唱大爱歌	20题　长大鼻子象	

训练报告表

第六项　视觉理解　组字成句	1题：	2题：
	3题：	4题：
	5题：	6题：
	7题：	8题：
	9题：	10题：
	11题：	12题：
	13题：	14题：
	15题：	16题：
	17题：	18题：
	19题：	20题：

第 9 日

第一项　净心训练　静坐（10分钟）

训练内容参照第 1 日第一项。

要求　学生端坐，两手放于膝盖；将装米的杯子置于头顶；腰背挺直，全身放松；闭目；均匀呼吸，并逐渐放慢。边数呼吸的次数，边听音乐。这样持续坐 10 分钟。

训练报告表

第一项　净心训练 静坐	所用时间：　　　分	呼吸次数：　　　次	掉杯子数：　　　次

第二项　视觉追踪　扫视折线

训练内容参照第 5 日第二项。

准备　从"教材·答案册"书后取出卡片 9。

要求　头不转动，眼睛平视卡片 9，距离图 20 厘米或再近一些。扫视时，眼睛从黑圈沿着箭头扫视到右面的黑点，再沿线向下扫视到左下的黑点……至最后一个黑点，然后再按原路折回到黑圈为一次。

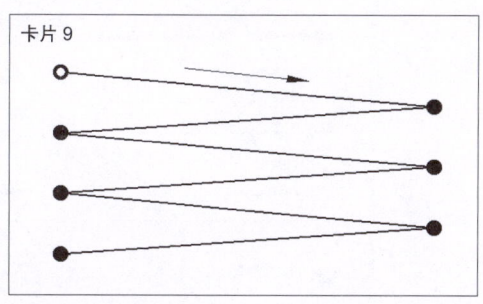

卡片 9

注意　扫视的过程中，头不能转动，眼睛一定要看清楚黑线。

记录　把在二分钟时间里扫视折线的次数写到下面的训练报告表中。共扫视 3 个二分钟，共记录 3 次。

目标　以扫视的次数越多越好。

训练报告表

第二项　视觉追踪 扫视折线	第一次扫视的次数	第二次扫视的次数	第三次扫视的次数
	次	次	次

 **第三项　听觉集中**　数出几个指定数字的数目

训练内容参照第 1 日第三项。

要求　听家长读数列，数出指定数字（"6"，"7"，"8"，"9"）各有几个，并将答案写在下面的训练报告表中。数四个数字，要听四遍。

训练报告表

第三项　听觉集中 数出几个指定数字的数目	6：　　　个	7：　　　个	8：　　　个	9：　　　个

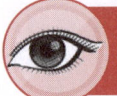 **第四项　视觉分辨**　找出与标准图相同的图

训练内容参照第 4 日第四项。

要求　寻找与左面标准图相同的图，并在选中的图上做出标记。

训练

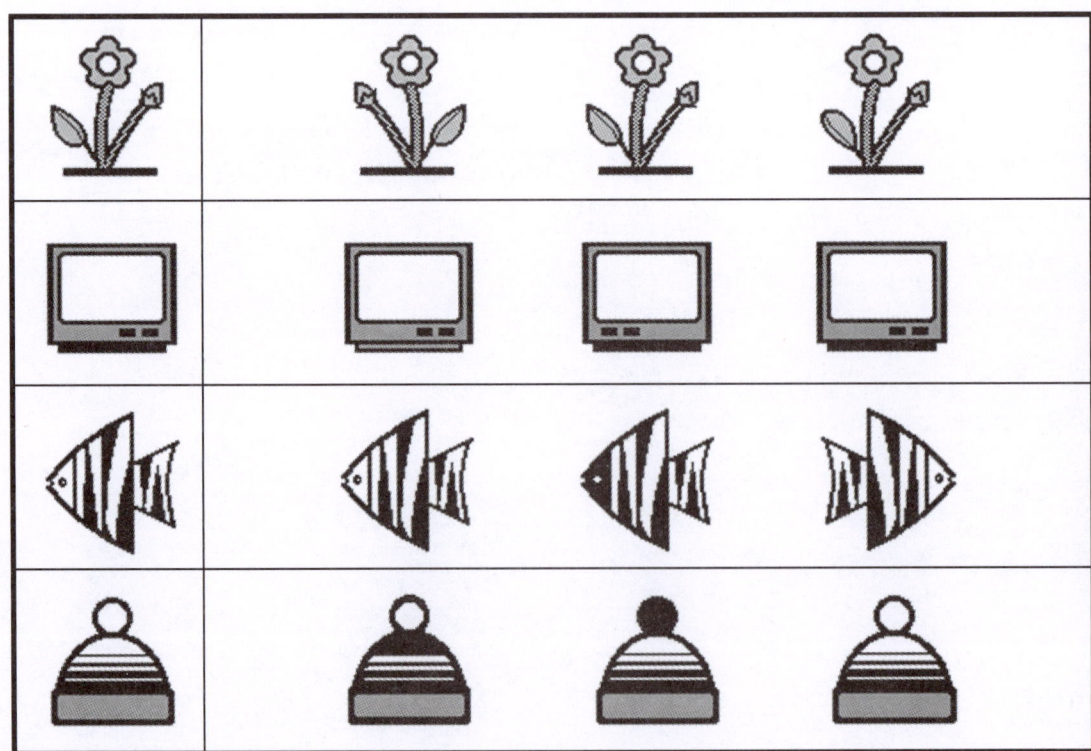

图 1

图 2

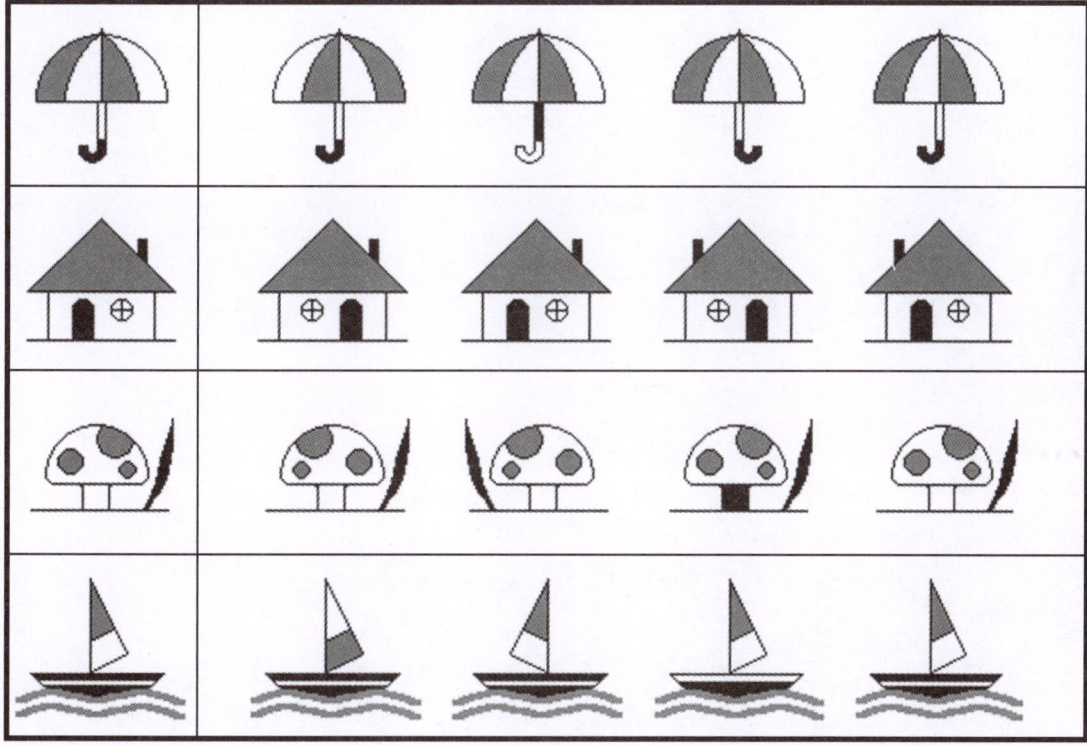

图 3

图 4

 **第五项　听觉分辨**　　找出两句话中不同的词组

训练内容参照第 3 日第五项。

　　要求　听家长读几题很相近的两句话，学生找出两句话中不同的一对词组，并将五题中不同的一对词组写在下面的训练报告表中。

　　训练报告表

第五项　听觉分辨 **找出两句话中不同 的词组**	1 题：	4 题：
	2 题：	5 题：
	3 题：	

 **第六项　视觉集中**　　读倒写的故事

　　目的　倒读文章时，字与字之间是没有任何逻辑关系的。借助这种情况进行阅读，必须要具有很高的视觉注意，因此这种训练可以很有效的提高视知觉集中的能力。

要求 集中注意力读倒写的故事，争取减少错误并逐渐加快速度。

记录 请家长帮助检测读故事的情况，把读错的次数和所用时间写在下面的训练报告表中。

目标 尽量减少读错的次数和缩短读故事的时间。

训练

北风和太阳

　　　　　　xuān　　　　　　bō　　shāng
。利胜告 宣 就谁，服衣的人路下 剥 能谁：定 商 们他。量力有最谁底到论

zhēng
争 阳太和风北

　　　　　　　　　　　　　　　　　　　wàng xī　　qì　zhōng
？做样怎会底到阳太看看要，阳太诉告它。 望 希 的利胜了弃放于 终 风

　　　　　　jǐn　yuè　liè měng
北，后最。衣大的己自住包地 紧 紧是越人路，烈 猛 是越风的它是但。风冷

　　　shì xiǎn shǒu
出吹力尽，量力的它示 显 先首风北

　　zǎo　　xī　　　　jìng　　tào tuō
。来澡起洗里溪小在，服衣了光脱然 竟，后最，套外掉脱始开就，气热的

hōng　　　　jué gǎn jīng yǐ　　　　nuǎn wēn
烘 烘暖阳太到觉 感 经 已们人，时多不。人路 暖 温去光阳的它用上马

阳太

　　　　bào qiáng
。量力有更暴 强 比暖温，见可

训练报告表

第六项 视觉集中 读倒写的故事	读错次数： 次	所用时间： 分 秒

第 10 日

 **第一项　净心训练** 　静坐（10 分钟）

训练内容参照第 1 日第一项。

要求　学生端坐，两手放于膝盖；将装米的杯子置于头顶；腰背挺直，全身放松；闭目；均匀呼吸，并逐渐放慢。边数呼吸的次数，边听音乐。这样持续坐 10 分钟。

训练报告表

第一项　净心训练 **静坐**	所用时间：　　分	呼吸次数：　　次	掉杯子数：　　次

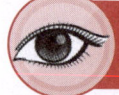 **第二项　视觉追踪** 　扫视折线

训练内容参照第 9 日第二项。

准备　从"教材·答案册"书后取出卡片 10。

要求　眼睛平视卡片 10，距图 20 厘米或再近。扫视时，眼睛从黑圈按箭头的指向、沿黑线扫视到最后一个黑点，再按原路折回到黑圈为一次。注意　扫视过程中，头不能转动，眼睛一定要看清黑线。共扫视 3 个二分钟，记录三次。

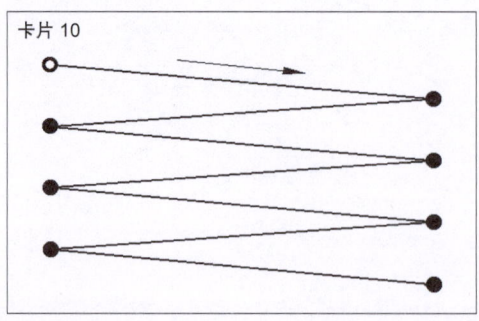

卡片 10

训练报告表

第二项　视觉追踪 **扫视折线**	第一次扫视的次数	第二次扫视的次数	第三次扫视的次数
	次	次	次

第三项　听觉集中　　数出几个指定汉字的数目

训练内容参照第 2 日第三项。

要求　听家长读故事《小蜗牛》，数出指定汉字（"爬"，"妈"，"牛"，"了"）各有几个，并回答"简答"提问。将答案写在下面的训练报告表中。

训练报告表

第三项　听觉集中 **数出几个指定汉字 的数目**	爬：　　　　个		妈：　　　　个	牛：　　　　个	了：　　　　个
	简答	1 题：		2 题：	
		3 题：		4 题：	

第四项　视觉分辨　　找出数序表中缺失的数字

训练内容参照第 5 日第四项。

要求　表 1 按正数序 1 ～ 16，表 2 按倒数序 16 ～ 1 寻找数序表中缺失的数字，并把缺数写在表下面的空格中。

训练

4	14	6	16
11	1	10	8
5	15	2	12

表 1

2	13	9	6
11	4	16	5
8	15	7	3

表 2

 **第五项　听觉集中** 　记录数列中按数序排列缺失的数字

训练内容参照第 4 日第五项。

要求　家长读一个数列，学生认真听，边听边将找到的缺失数字写在下面的训练报告表中。

训练报告表

第五项　听觉集中 记录数列中按数序排列缺失的数字	1 题：	2 题：
	3 题：	4 题：

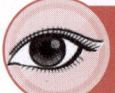 **第六项　视觉集中** 　读数字

训练内容参照第 7 日第六项。

要求　要准确、清晰并尽快地读 250 个数字。

45648	56692	34603	48610	45432	66482
13393	60726	02491	41273	72458	70066
06315	58817	48815	20920	96282	92540
91715	36436	78925	90360	01133	05305
48820	46652	13941	46951	94151	16094
33057	27036	57595	91953	09218	61173
81932	61179	31051	18548	07446	23799
62749	56735	18857	52724	89122	79381
83011	94912				

训练报告表

第六项　视觉集中 读数字	读错的数字：	个	所用时间：	分	秒

第 11 日

第一项　净心训练　静坐（10 分钟）

训练内容参照第 1 日第一项。

要求　学生端坐，两手放于膝盖；将装米的杯子置于头顶；腰背挺直，全身放松；闭目；均匀呼吸，并逐渐放慢。边数呼吸的次数，边听音乐。这样持续坐 10 分钟。

训练报告表

第一项　净心训练 静坐	所用时间：　　　分	呼吸次数：　　　次	掉杯子数：　　　次

第二项　视觉追踪　扫视折线

训练内容参照第 9 日第二项。

准备　从"教材·答案册"书后取出卡片 11。

要求　眼睛平视卡片 11，距图 20 厘米或再近。扫视时，眼睛从黑圈按箭头的指向、沿黑线扫视到最后一个黑点，再按原路折回到黑圈为一次。注意　扫视过程中，头不能转动，眼睛一定要看清黑线。共扫视 3 个二分钟，记录三次。

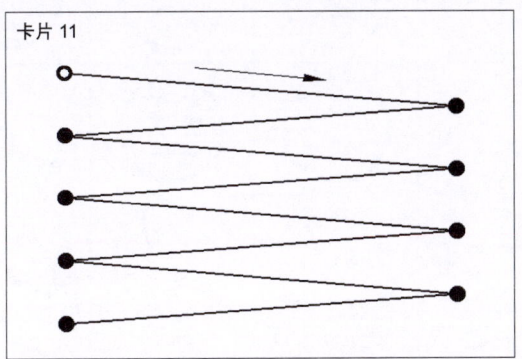

卡片 11

训练报告表

第二项　视觉追踪 扫视折线	第一次扫视的次数	第二次扫视的次数	第三次扫视的次数
	次	次	次

第三项　听觉集中　　数出几个指定数字的数目

训练内容参照第 1 日第三项。

要求　听家长读数列，数出指定数字（"0"，"2"，"4"，"6"）各有几个，并将答案写在下面的训练报告表中。数四个数字，要听四遍。

训练报告表

第三项　听觉集中 **数出几个指定数字 的数目**	0：　　　　个	2：　　　　个	4：　　　　个	6：　　　　个

第四项　视觉分辨　　数相同图形的数目

训练内容参照第 6 日第四项。

要求　在下图中数出相同图形的数目，并将各种图形的数目写在图右面的空格中。

训练

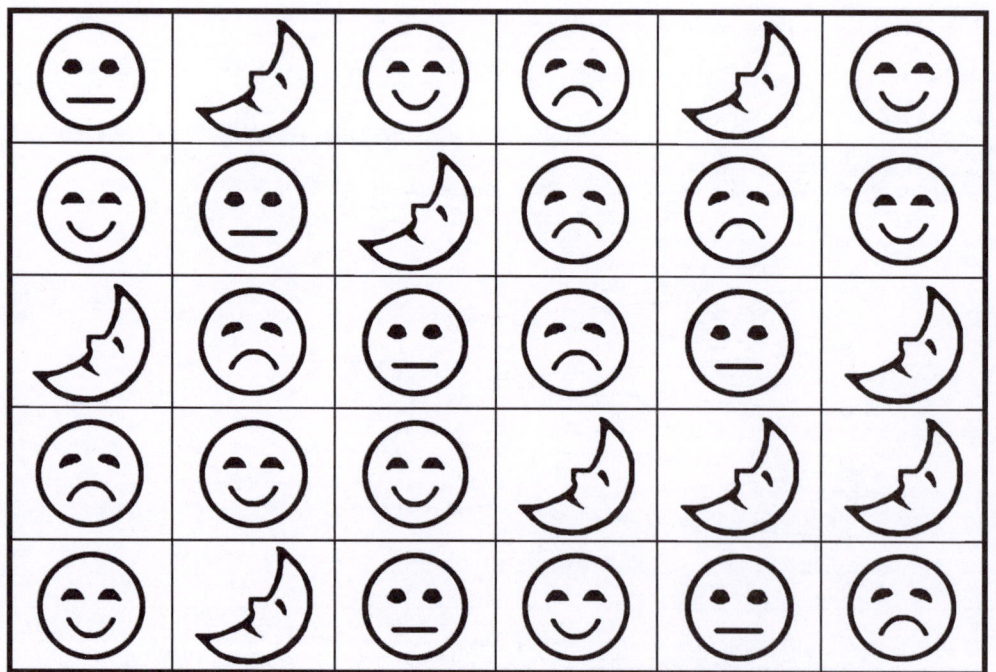

第五项 听觉分辨 　找出三句话中相同的词组

训练内容参照第 5 日第五项。

要求　听家长读五题中三句不同内容的话，学生找出每三句话中相同的一个词组。将答案写到下面训练报告表中。

训练报告表

第五项 听觉分辨 找出三句话中相同的词组	1 题：
	2 题：
	3 题：
	4 题：
	5 题：

第六项 视觉理解 　组字成句

训练内容参照第 8 日第六项。

要求　把几个排列混乱的汉字组成一句符合逻辑的通顺的句子，并将答案写在下面的训练报告表中。

训练

1 题	红她了小得花	2 题	真今我高天兴	3 题	天飞上在白云
4 题	我去想玩京北	5 题	个贝有宝一他	6 题	千猴小子打秋
7 题	六手个三只人	8 题	吃猫子竹小熊	9 题	鸟上一只有天
10 题	红盒色文的具	11 题	水鱼中游小在	12 题	天大明会下雪
13 题	山狗花上跑小	14 题	我真的好书看	15 题	好红孩小子是
16 题	星今日天是期	17 题	国一节是十庆	18 题	天天冷气冬真

训练报告表

第六项　视觉理解 **组字成句**	1 题：	2 题：
	3 题：	4 题：
	5 题：	6 题：
	7 题：	8 题：
	9 题：	10 题：
	11 题：	12 题：
	13 题：	14 题：
	15 题：	16 题：
	17 题：	18 题：

第 12 日

 **第一项　净心训练**　　**静坐（10 分钟）**

训练内容参照第 1 日第一项。

　　要求　学生端坐，两手放于膝盖；将装米的杯子置于头顶；腰背挺直，全身放松；闭目；均匀呼吸，并逐渐放慢。边数呼吸的次数，边听音乐。这样持续坐 10 分钟。

训练报告表

第一项　净心训练 **静坐**	所用时间：　　　　分	呼吸次数：　　　次	掉杯子数：　　　次

 **第二项　视觉追踪**　　**扫视折线**

训练内容参照第 9 日第二项。

　　准备　从"教材·答案册"书后取出卡片 12。

　　要求　眼睛平视卡片 12，距图 20 厘米或再近。扫视时，眼睛从黑圈按箭头的指向、沿黑线扫视到最后一个黑点，再按原路折回到黑圈为一次。注意　扫视过程中，头不能转动，眼睛一定要看清黑线。共扫视 3 个二分钟，记录三次。

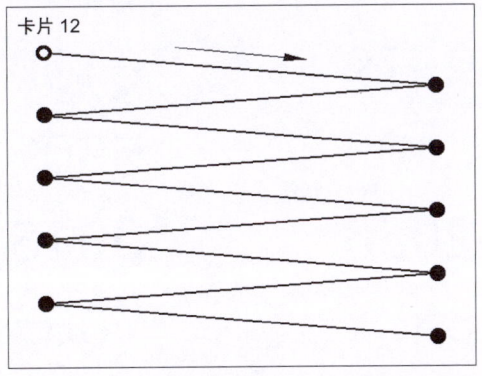

训练报告表

第二项　视觉追踪 **扫视折线**	第一次扫视的次数	第二次扫视的次数	第三次扫视的次数
	次	次	次

 **第三项　听觉集中** 　数出几个指定汉字的数目

训练内容参照第 2 日第三项。

要求　听家长读故事《唱歌比赛》，数出指定汉字（"小"，"白"，"唱"，"说"）各有几个，并回答"简答"提问。将答案写在下面的训练报告表中。

训练报告表

第三项　听觉集中 **数出几个指定汉字 的数目**	小：　　　个	白：　　　个	唱：　　　个	说：　　　个
	简答	1 题：	2 题：	
		3 题：	4 题：	
		5 题：	6 题：	

 **第四项　视觉分辨** 　找出横线两边不同的数字

训练内容参照第 2 日第四项。

要求　将横线右面数列中与左面对应数列不同的数字划出来。

训练

4862 — 4762	5934 — 9345
2597 — 2579	8193 — 8193
3103 — 3103	5806 — 5608
2056 — 2065	9318 — 9316
3671 — 6371	7005 — 7055
9864 — 9884	3749 — 3749
2974 — 2074	5981 — 5891

图 1

5481 — 5814	9657 — 9657
2906 — 2908	4753 — 4573
8092 — 8209	1753 — 1953
2693 — 2693	3080 — 3060
5192 — 5219	6493 — 6439
8345 — 6345	7108 — 8017
9191 — 9191	3815 — 3185

图 2

 **第五项　听觉记忆**　　倒述四字短句

训练内容参照第 6 日第五项。

要求　听家长读一个四个字的短句，学生把这个短句倒过来复述。并把说错的句子数写在下面的训练报告表中。

训练报告表

第五项　听觉记忆 **倒述四字短句**	读错：	句	反应速度：

第六项　视觉集中　　读倒写的故事

训练内容参照第 9 日第四项。

要求　集中注意力读倒写的故事，争取减少错误并逐渐加快速度。

训练

爱显耀的猴子

cóng jí jīng duǒ　　　　huáng

。中 丛 棘 荆 到躲,跑逃散四然 惶 惶都。了见看子猴群一。山猴座一了

dēng

上登, 玩游里江大在船坐王吴

jié mǐn　　　shè　　jiàn gōng　　　qiǎo líng nòng

。了住接箭飞把地捷 敏子猴那,去射它向箭 弓 起拿王吴。巧 灵 弄

mài　　　　　　yuè

卖 前面王吴在意故, 去 跃 来跳地意得洋洋却子猴只一有独独

shì

。了死射被子猴只那, 射 追齐一从侍的右左令下王吴,是于

xiǎn wēi　yào xiǎn　　　　　　　　　　　　tì jǐng

"!了险 危太, 耀 显人别向去领本的己自拿要不万千, 呀惕 警要。了

ào jiāo　　　　shì　　　　yào kuā

去死样这就于至以, 了傲 骄太, 捷敏的己自恃仗, 巧灵的己自耀 夸, 啊子猴子
只这"：说友朋的他对头回王吴

训练报告表

第六项　视觉集中 **读倒写的故事**	读错次数：	次	所用时间：	分　　秒

第 **13** 日

第一项　净心训练　静坐（10 分钟）

训练内容参照第 1 日第一项。

要求　学生端坐，两手放于膝盖；将装米的杯子置于头顶；腰背挺直，全身放松；闭目；均匀呼吸，并逐渐放慢。边数呼吸的次数，边听音乐。这样持续坐 10 分钟。

训练报告表

第一项　净心训练 **静坐**	所用时间：　　分	呼吸次数：　　次	掉杯子数：　　次

第二项　定点注视　注视一点不动

训练内容参照第 1 日第二项。

准备　从"教材·答案册"书后取出卡片 1。

卡片 1

要求　将卡片 1 平置于距眼睛 20 厘米处，连续盯视 1 分钟。之后，眼睛看着墙壁上出现的白色圆形，数从看到白色圆形到圆形消失时间的长短。连续做三次。

训练报告表

第二项　定点注视 **注视一点不动**	第一次影像延续时间 　　秒	第二次影像延续时间 　　秒	第三次影像延续时间 　　秒

第三项　听觉集中　数出几个指定数字的数目

训练内容参照第 1 日第三项。

要求　听家长读数列，数出指定数字（"1"，"3"，"5"，"8"）各有几个，并将答案写在下面的训练报告表中。数四个数字，要听四遍。

训练报告表

第三项　听觉集中 **数出几个指定数字 的数目**	1:　　个	3:　　个	5:　　个	8:　　个

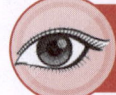 **第四项　视觉分辨**　　数叠加图形中相同图形的数目

训练内容参照第 3 日第四项。

要求　数出图中与标准图形相同图的数目，并将各图形的数目写在标准图右面的空格中。

训练

图 1

图 2

第五项 听觉转移 按词组的分类画符号

训练内容参照第 7 日第五项。

要求 听家长按顺序读 40 个词组，当听到词组属于"蔬菜"类时，在相应的格子内画"√"。

训练

1	2	3	4	5	6	7	8	9	10
11	12	13	14	15	16	17	18	19	20
21	22	23	24	25	26	27	28	29	30
31	32	33	34	35	36	37	38	39	40

训练报告表

第五项 听觉转移 **按词组的分类画符号**	画错： 个

第六项 知觉转移 口手配合

训练内容参照第 6 日第六项。

要求 大声从 14 顺数到 70，逢 5 不出声，用拍手代替。把说错和拍错的次数写在下面的训练报告表中。

训练报告表

第六项 知觉转移 **口手配合**	以拍手代替数数，说错、拍错： 次

第 **14** 日

第一项　净心训练　　静坐（10分钟）

　　训练内容参照第 1 日第一项。

　　要求　学生端坐，两手放于膝盖；将装米的杯子置于头顶；腰背挺直，全身放松；闭目；均匀呼吸，并逐渐放慢。边数呼吸的次数，边听音乐。这样持续坐 10 分钟。

训练报告表

第一项　净心训练 **静坐**	所用时间：　　分	呼吸次数：　　次	掉杯子数：　　次

第二项　视觉追踪　　扫视折线

　　准备　从"教材·答案册"书后取出卡片 13。

　　要求　将卡片 13 平置，眼睛距图 20 厘米或再近，头不动，眼睛由黑圈开始沿箭头方向快速按折线方向扫视……直到回到黑圈，算一次。在扫视的过程中，必须要看清黑线。记住二分钟时间内扫视的次数。

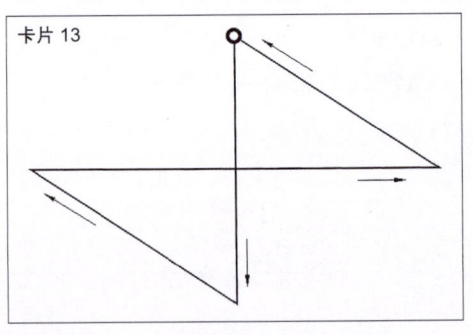

卡片 13

　　记录　将二分钟时间内扫视的次数，写在下面的训练报告表中。共扫视 3 次（三个二分钟），并记录 3 次。

　　目标　以扫视的次数越多越好。

训练报告表

第二项　视觉追踪 **扫视折线**	第一次扫视的次数	第二次扫视的次数	第三次扫视的次数
	次	次	次

 **第三项 听觉集中** 数出几个指定汉字的数目

训练内容参照第 2 日第三项。

要求 听家长读故事《会狗语的老鼠》，数出指定汉字（"声"，"老"，"鼠"，"的"）各有几个，并回答"简答"提问。将答案写在下面的训练报告表中。

训练报告表

第三项 听觉集中 数出几个指定汉字的数目	声：　　个 老：　　个 鼠：　　个 的：　　个		
	简答	1 题：	2 题：
		3 题：	4 题：
		5 题：	

第四项 视觉分辨 找出与标准图相同的图

训练内容参照第 4 日第四项。

要求 寻找与左面标准图相同的图，并在选中的图上做出标记。

训练

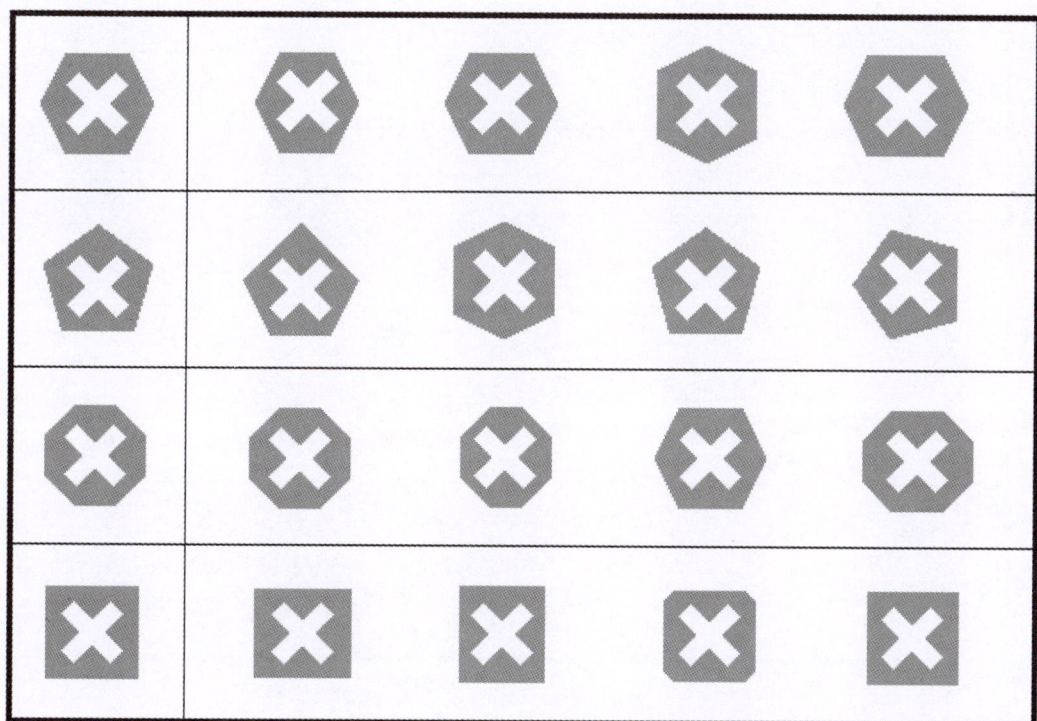

图 1

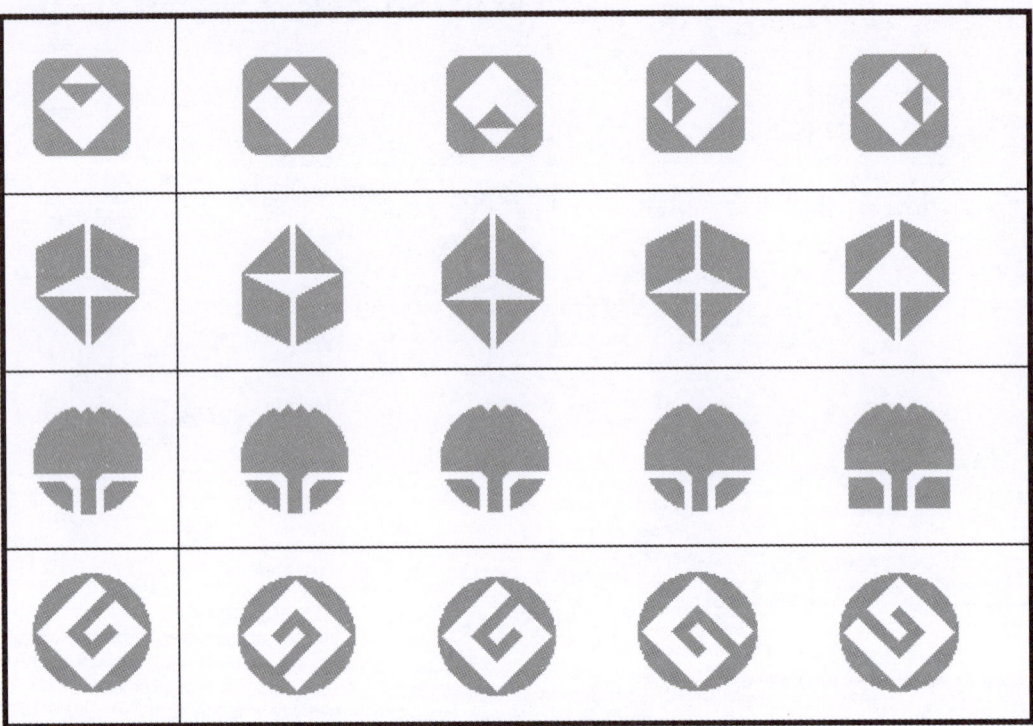

图 2

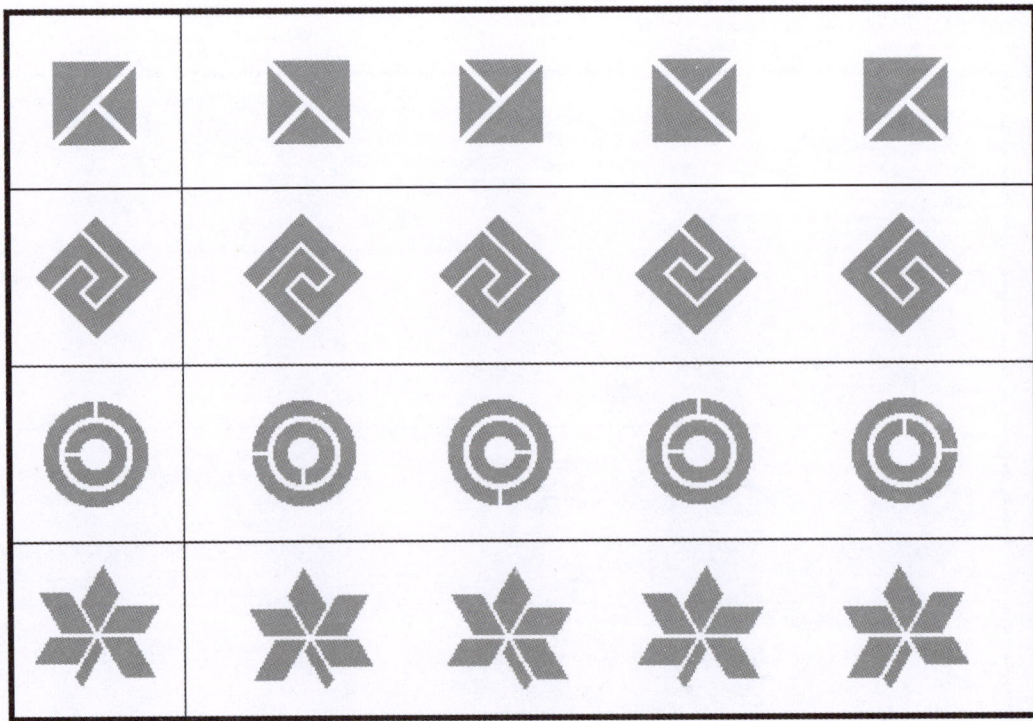

图 3

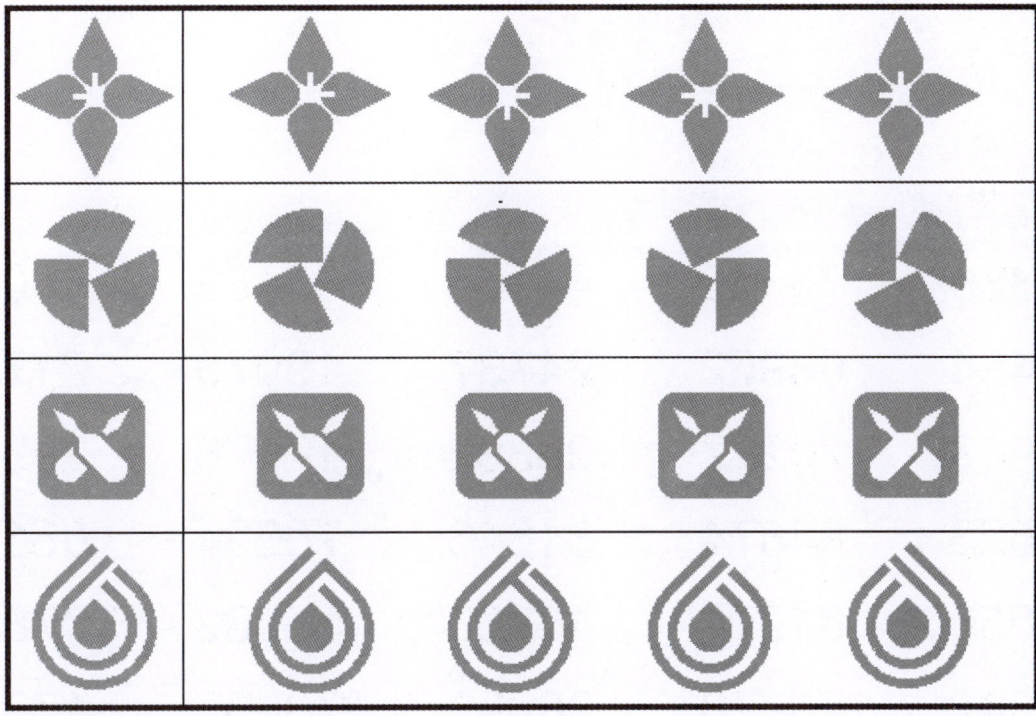

图 4

第五项 听觉记忆 听记数列

训练内容参照第 2 日第五项。

要求 家长读数列,学生记住家长读的数列。听完一组数列后再将数列写在下面的训练报告表中,不能边听边记。

训练报告表

第五项 听觉记忆 **听记数列**	1 题:	
	2 题:	

 **第六项　视觉集中** 　读数字

训练内容参照第 7 日第六项。

要求　要准确、清晰并尽快地读 250 个数字。

98336	73362	44065	66430	86021
39494	63952	24737	19070	21798
60943	70277	05392	17176	29317
67523	84674	81846	76694	05132
00056	81271	45263	56082	77857
71342	75778	96091	73637	17872
14684	40901	22495	34301	46549
58537	10507	92279	68925	89235
42019	95611	21290	21960	86403
44181	59813	62977	47713	09960

训练报告表

第六项　视觉集中 **读数字**	读错的数字：	个	所用时间：	分　　秒

第 15 日

第一项　净心训练　　静坐（10 分钟）

训练内容参照第 1 日第一项。

要求　学生端坐，两手放于膝盖；将装米的杯子置于头顶；腰背挺直，全身放松；闭目；均匀呼吸，并逐渐放慢。边数呼吸的次数，边听音乐。这样持续坐 10 分钟。

训练报告表

第一项　净心训练 静坐	所用时间：　　分	呼吸次数：　　次	掉杯子数：　　次

第二项　视觉追踪　　扫视折线

训练内容参照第 14 日第二项。

准备　从"教材·答案册"书后取出卡片 14。

要求　将卡片 14 平置，眼睛距图 20 厘米，头不动。眼睛由黑圈按箭头指向快速沿折线方向扫视……直到回到黑圈，算一次。记住二分钟内扫视的次数，共扫视三个 2 分钟。

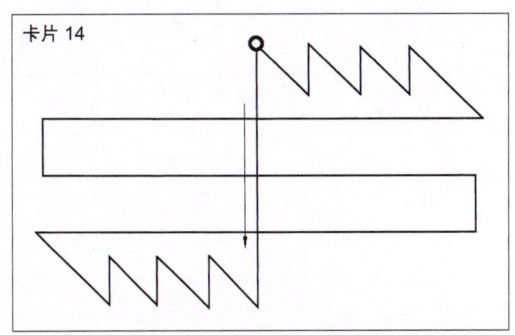

卡片 14

训练报告表

第二项　视觉追踪 扫视折线	第一次扫视的次数	第二次扫视的次数	第三次扫视的次数
	次	次	次

第三项　听觉集中　　数出几个指定数字的数目

训练内容参照第 1 日第三项。

要求　听家长读数列，数出指定数字（"0"，"1"，"7"，"5"）各有几个，并将答案写在下面的训练报告表中。数四个数字，要听四遍。

训练报告表

第三项　听觉集中 数出几个指定数字 的数目	0：　　　　个	1：　　　　个	7：　　　　个	5：　　　　个

第四项　视觉分辨　　找出数序表中缺失的数字

训练内容参照第 5 日第四项。

要求　表 1 按正数序 1～20，表 2 按倒数序 20～1 寻找数序表中缺失的数字，并把缺数写在表下面的空格中。

训练

1	19	18	16	10
12	6	14	7	13
5	17	9	2	4

17	6	12	5	16
3	13	2	15	9
11	8	19	4	10

表 1

表 2

第五项　听觉分辨　　找出两句话中不同的词组

训练内容参照第 3 日第五项。

要求　听家长读三题很相近的两句话，学生找出每两句话中不同的两对词组，并将三题中不同的两对词组写在下面的训练报告表中。

训练报告表

第五项　听觉分辨 **找出两句话中不同 的词组**	1 题：
	2 题：
	3 题：

 **第六项　视觉理解**　组字成句

训练内容参照第 8 日第六项。

要求　把几个排列混乱的汉字组成一句符合逻辑的通顺的句子，并将答案写在下面的训练报告表中。

训练

1 题　我明是日天的生　　2 题　黄中长国有河江　　3 题　听鸟真唱小歌好

4 题　蓝气猫三淘问千　　5 题　爸气天生爸了今　　6 题　和米鸭鼠唐老老

7 题　白小兔只有表哥　　8 题　朋好我很友有多　　9 题　月我去球探想索

10 题　天载了人飞上船　　11 题　红文具是小盒的　　12 题　定力学一习我努

13 题　线要道行走人横　　14 题　步每早天跑晨我　　15 题　爸在作美爸国工

16 题　们都球是地我人

训练报告表

第六项　视觉理解 **组字成句**	1 题：	2 题：
	3 题：	4 题：
	5 题：	6 题：
	7 题：	8 题：
	9 题：	10 题：
	11 题：	12 题：
	13 题：	14 题：
	15 题：	16 题：

第 16 日

第一项　净心训练　　静坐　（10分钟）

训练内容参照第 1 日第一项。

要求　学生端坐，两手放于膝盖；将装米的杯子置于头顶；腰背挺直，全身放松；闭目；均匀呼吸，并逐渐放慢。边数呼吸的次数，边听音乐。这样持续坐 10 分钟。

训练报告表

第一项　净心训练 静坐	所用时间：　　　　分	呼吸次数：　　　　次	掉杯子数：　　　　次

第二项　视觉追踪　　扫视折线

训练内容参照第 14 日第二项

准备　从"教材·答案册"书后取出卡片 15。

要求　将卡片 15 平置，眼睛距图 20 厘米，头不动。眼睛由黑圈按箭头指向快速沿折线方向扫视……直到回到黑圈，算一次。记住二分钟内扫视的次数，共扫视三个 2 分钟。

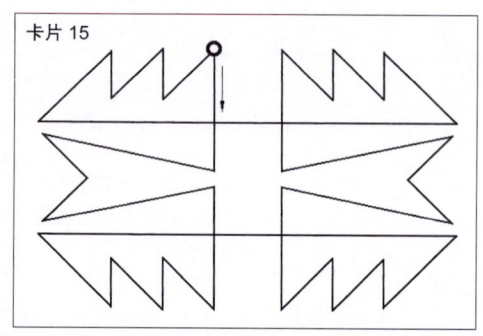

卡片 15

训练报告表

第二项　视觉追踪 扫视折线	第一次扫视的次数	第二次扫视的次数	第三次扫视的次数
	次	次	次

第三项　听觉集中　　数出几个指定汉字的数目

训练内容参照第 2 日第三项。

要求　听家长读故事《狼和绵羊》，数出指定汉字（"狼"，"羊"，"一"，"的"）各有几个，并回答"简答"提问。将答案写在下面的训练报告表中。

训练报告表

第三项　听觉集中 **数出几个指定汉字 的数目**	狼：　　　　个　羊：　　　　个　一：　　　　个　的：　　　　个	
	简答	1题：　　　　　　　　　　　　　2题：
		3题：
		4题：
		5题：
		6题：

第四项　视觉分辨　　数相同图形的数目

训练内容参照第 6 日第四项。

要求　在下图中数出相同图形的数目，并将各种图形的数目写在图下面的空格中。

训练

3	6	8	5	9	6
6	9	5	8	5	9
8	3	3	6	9	3
9	6	9	3	5	8
5	5	9	6	8	3

3	6	8	5	9

第五项　听觉集中　　记录数列中按数序排列缺失的数字

训练内容参照第 4 日第五项。

要求　家长读一个数列，学生认真听，边听边将找到的缺失数字写在下面的训练报告表中。

训练报告表

第五项　听觉集中 **记录数列中按数序排列缺失的数字**	1 题：
	2 题：
	3 题：
	4 题：

第六项　视觉集中　　读倒写的故事

训练内容参照第 9 日第四项。

要求　集中注意力读倒写的故事，争取减少错误并逐渐加快速度。

训练

养　鸟

táng miào　yǎng gòng bīn guì　　　　gǎo　　shè

。里堂 庙 在 养　供，宾 贵 作当，来 了 搞它 把 法 设 人 叫就，了 说听

shén　　rèn　　　　　　　　　　chéng　lǔ

王鲁。鸟神 是 它 为认便，过 见 有 没 也 谁鸟 种 这。鸟海 只一 来 飞外 城 的国鲁

    dī gǎn   cuò

。了死便鸟海只那，天三到不。喝敢不也水滴一，吃敢不也肉块一，措

shī huáng jīng zhěng yuè   xí yán

失 慌 惊 天 整 ，怕害越 来越它，了坏吓鸟海把来一这。吃它请席 筵 的

chuò kuò   gǔ xiāo

绰 阔了排安还，听它给鼓打 箫吹人叫天每王鲁

    téng zhē   wèi

。了死 腾 折他被便鸟海以所，鸟海养喂来西东的鸟海养喂用是不而，鸟

      què

海养供西东的己自养供用 却 他是可。了好很是说以可，鸟只这于对王鲁

训练报告表

第六项　视觉集中 **读倒写的故事**	读错次数：　　　　次	所用时间：　　分　　秒

第 **17** 日

第一项　净心训练　静坐（10分钟）

训练内容参照第 1 日第一项。

要求　学生端坐，两手放于膝盖；将装米的杯子置于头顶；腰背挺直，全身放松；闭目；均匀呼吸，并逐渐放慢。边数呼吸的次数，边听音乐。这样持续坐 10 分钟。

训练报告表

第一项　净心训练 **静坐**	所用时间：　　分	呼吸次数：　　次	掉杯子数：　　次

第二项　视觉追踪　扫视折线

训练内容参照第 14 日第二项。

准备　从"教材·答案册"书后取出卡片 16。

要求　将卡片 16 平置，眼睛距图 20 厘米，头不动。眼睛由黑圈按箭头指向快速沿折线方向扫视……直到回到黑圈，算一次。记住二分钟内扫视的次数，共扫视 3 个二分钟。

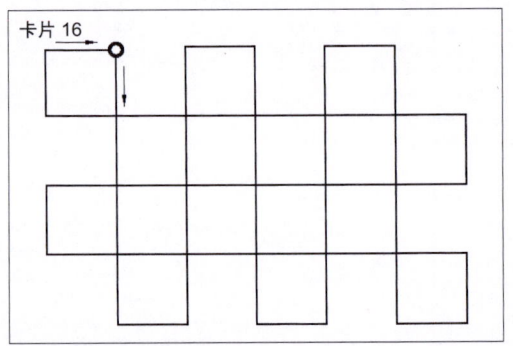

卡片 16

训练报告表

第二项　视觉追踪 **扫视折线**	第一次扫视的次数	第二次扫视的次数	第三次扫视的次数
	次	次	次

第三项　听觉集中　数出几个指定数字的数目

训练内容参照第 1 日第三项。

要求　听家长读数列，数出指定数字（"2"，"4"，"6"，"9"）各有几个，并将答案写在下面的训练报告表中。数四个数字，要听四遍。

训练报告表

第三项　听觉集中 数出几个指定数字 的数目	2：　　　个	4：　　　个	6：　　　个	9：　　　个

👁 **第四项　视觉分辨** 数叠加图形中相同图形的数目

训练内容参照第 3 日第四项。

要求　数出图中与标准图形相同图的数目，并将各图形的数目写在标准图下面的空格中。

训练

图 1

图 2

 **第五项　听觉分辨**　　**找出三句话中相同的词组**

训练内容参照第 5 日第五项。

要求　听家长读三题中三句不同内容的话，学生找出每三句话中相同的两个词组。并将答案写到下面的训练报告表中。

训练报告表

第五项　听觉分辨 **找出三句话中相同 的词组**	1 题：
	2 题：
	3 题：

 **第六项 视觉集中** 读数字

训练内容参照第 7 日第六项。

要求 要准确、清晰并尽快地读 250 个数字。

51870	72113	49999	99837	29780
49951	05973	17328	16096	31859
50244	59455	34690	83026	42522
30825	33446	85035	26193	11881
71010	00313	78387	52886	58753
32083	81420	61717	76691	47303
59825	34904	28755	46873	11595
62863	88235	37875	93751	95778
18577	80532	17122	68066	13001
92787	66111	95909	21642	01989

训练报告表

第六项 视觉集中 读数字	读错的数字： 个	所用时间： 分 秒

第 18 日

第一项　净心训练　　静坐（10 分钟）

训练内容参照第 1 日第一项。

要求　学生端坐，两手放于膝盖；将装米的杯子置于头顶；腰背挺直，全身放松；闭目；均匀呼吸，并逐渐放慢。边数呼吸的次数，边听音乐。这样持续坐 10 分钟。

训练报告表

第一项　净心训练 静坐	所用时间：　　分	呼吸次数：　　次	掉杯子数：　　次

第二项　视觉追踪　　扫视折线

准备　从"教材·答案册"书后取出卡片 17。

要求　将卡片 17 平置，眼睛距图 20 厘米或再近，头不动，眼睛由黑圈开始沿黑线方向快速扫视……直到中间的黑点，算一次。再反向沿黑线回到黑圈，算第二次。在扫视的过程中，必须要看清黑线。记住二分钟时间内扫视的次数。

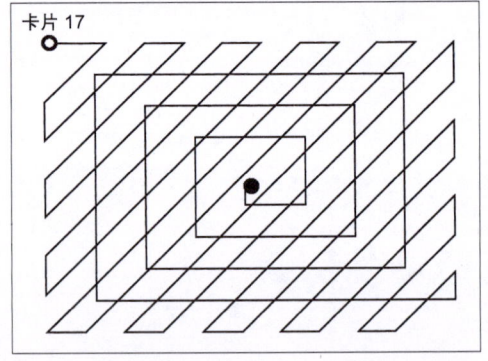

卡片 17

记录　将二分钟时间内扫视的次数，记录在下面的训练报告表中。共扫视 3 次（3 个二分钟），并记录 3 次（若时间到了，还停在半路，可算半次）。

目标　以扫视的次数越多越好。

训练报告表

第二项　视觉追踪 扫视折线	第一次扫视的次数	第二次扫视的次数	第三次扫视的次数
	次	次	次

第三项　听觉集中　数出几个指定汉字的数目

训练内容参照第 2 日第三项。

要求　听家长读故事《想发财的农民》，数出指定汉字（"种"，"他"，"想"，"子"）各有几个，并回答"简答"提问。将答案写在下面的训练报告表中。

训练报告表

第三项　听觉集中 数出几个指定汉字 的数目	种：　　　　个	他：　　　　个	想：　　　个	子：　　　　个
	简答	1 题：		2 题：
		3 题：		4 题：
		5 题：		6 题：

第四项　视觉分辨　找出能够组合成标准图的图

目的　通过此项练习，提高视觉分辨能力，并开发了形象思维能力。

要求　在中间图中寻找与右图能够合成左边标准图的图。

记录　在选中的图上做出标记。

目标　以选对的图多为好。

图 1

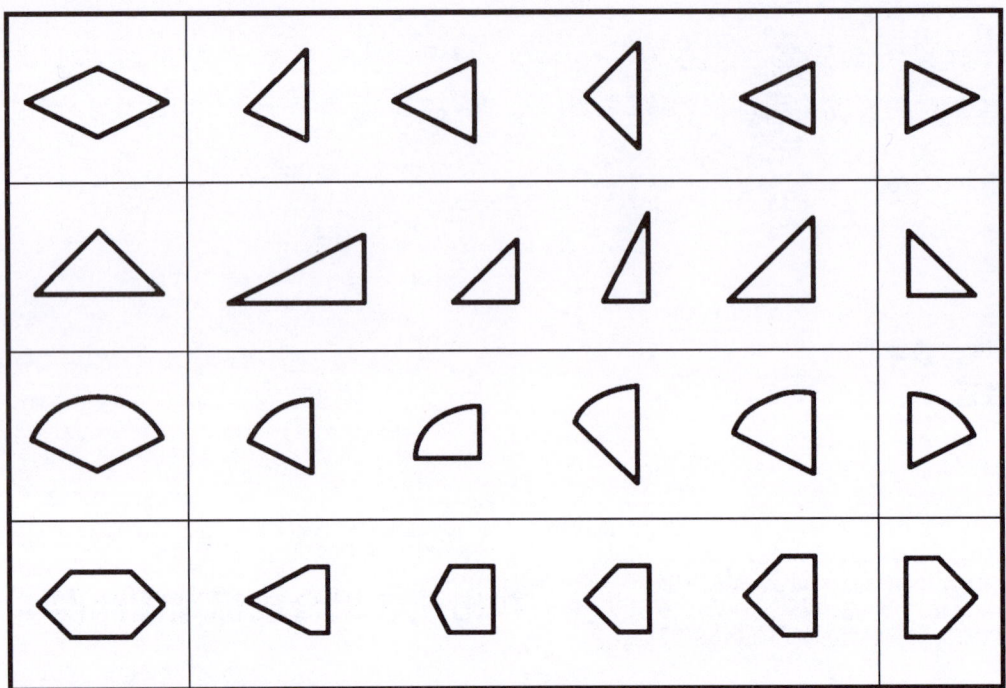

图 2

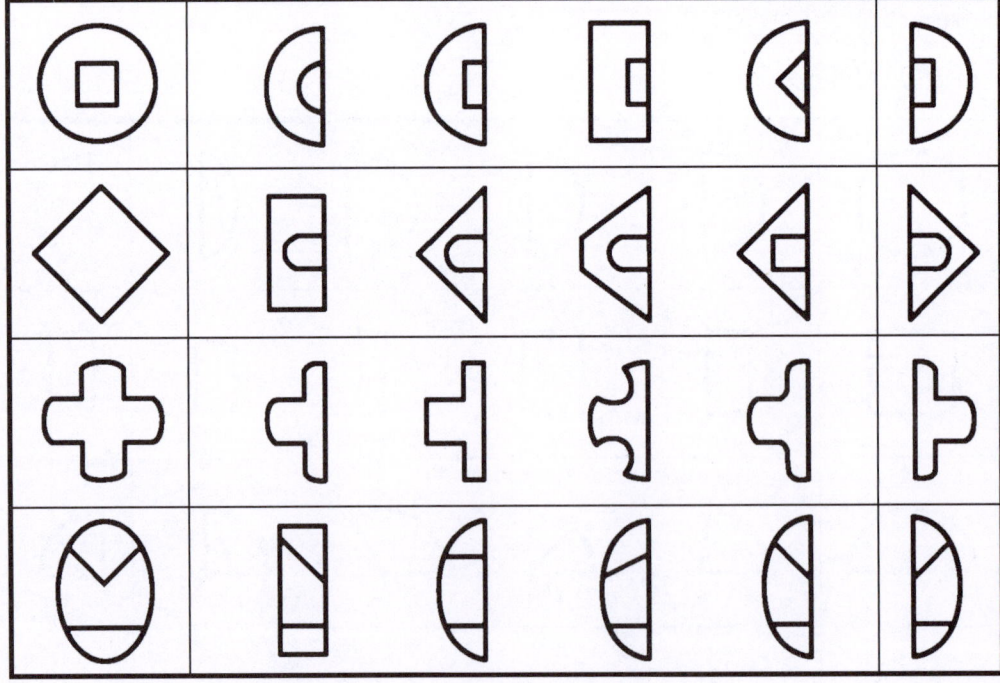

图 3

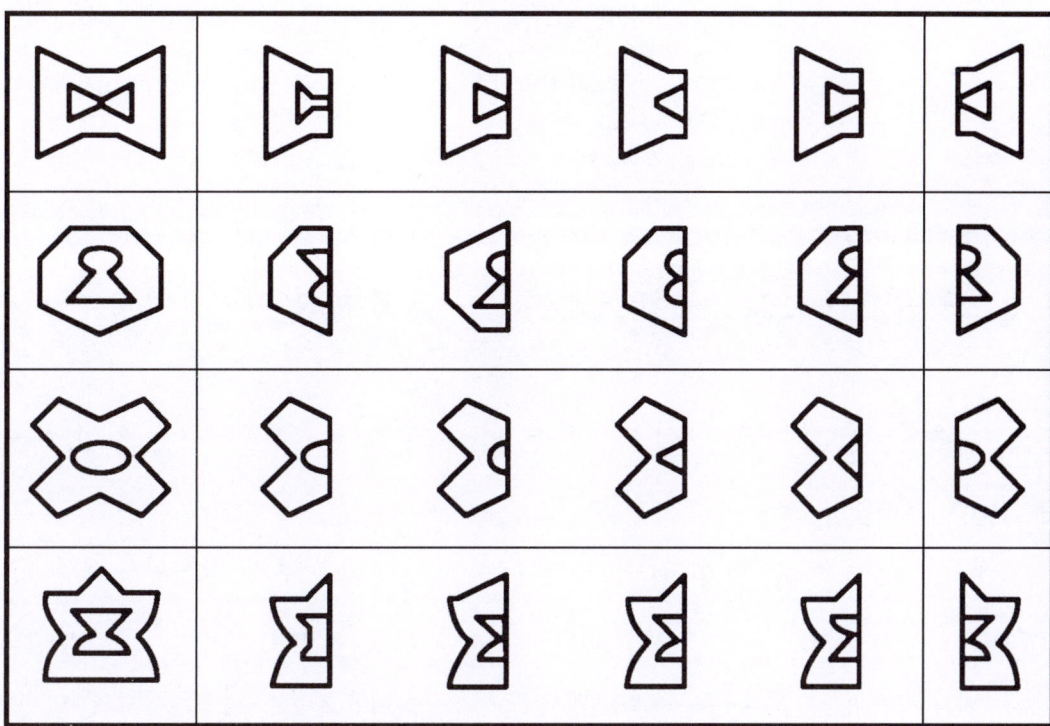

图 4

![耳朵图标] **第五项　听觉记忆**　　**倒述五字短句**

训练内容参照第 6 日第五项。

要求　听家长读一个五个字的短句，学生把这个短句倒过来复述。并把说错的句子数写在下面的训练报告表中。

训练报告表

第五项　听觉记忆 **倒述五字短句**	读错：　　　　　　　句	反应速度：

![眼睛图标] **第六项　视觉集中**　　**读倒写的成语接龙**

目的　倒读成语时，字与字之间是没有任何逻辑关系的。借助这种情况进行阅读，必须要具有很高的视觉注意，因此这种训练可以很有效的提高视知觉集中的能力。

要求　集中注意力读，争取减少错误并逐渐加快速度。

记录 请家长帮助检测学生读成语的情况，并把读错的次数和所用时间写在下面的训练报告表中。

目标 以读错少为好，时间短为好。

训练

bó   pì   yì

博物大地——地辟天开——开天想异——异月新日——日见开云——

 yì   chǐ mò guǐ

云亦云人——人服理以——以所乎忘——忘不齿 没——没鬼 出神——

shén jīng lóng

神 精马龙——龙马水车——车破牛老——老不生长——长方日来——

 shàng   dá   jiē   tóu   yì

来往尚 礼——礼达书知——知皆人路——路问石投——投相气义——

 qǔ zhāng duàn guǎ róu yōu yōu gù jué

义取 章 断——断寡 柔 优——忧之顾后——后 绝前空——

 kuò   yī héng cháo

空天阔海——海人山人——人伊水秋——秋 横气老——老元 朝三——

三连二接

训练报告表

第六项 视觉集中 **读倒写的成语接龙**	读错： 个字	所用时间： 分 秒

第 19 日

第一项　净心训练　　静坐（10分钟）

训练内容参照第 1 日第一项。

要求　学生端坐，两手放于膝盖；将装米的杯子置于头顶；腰背挺直，全身放松；闭目；均匀呼吸，并逐渐放慢。边数呼吸的次数，边听音乐。这样持续坐 10 分钟。

训练报告表

第一项　净心训练 静坐	所用时间：　　分	呼吸次数：　　次	掉杯子数：　　次

第二项　视觉追踪　　扫视折线

训练内容参照第 18 日第二项。

准备　从"教材·答案册"书后取出卡片 18。

要求　将卡片 18 平置，眼睛距图 20 厘米或再近，头不动，眼睛由黑圈开始沿黑线方向快速扫视……直到中间的黑点，算一次。再反向沿黑线回到黑圈，算第二次。记住二分钟时间内扫视的次数。共扫视 3 次（3 个二分钟），并记录 3 次（若时间到了，还停在半路，可算半次）。

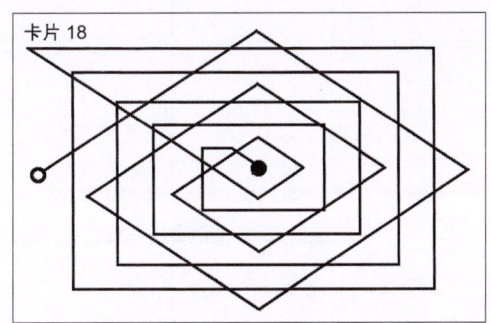

卡片 18

训练报告表

第二项　视觉追踪 扫视折线	第一次扫视的次数	第二次扫视的次数	第三次扫视的次数
	次	次	次

第三项　听觉集中　　数出几个指定数字的数目

训练内容参照第 1 日第三项。

要求　听家长读数列，数出指定数字（"1"，"4"，"7"，"8"）各有几个，并将答案写在下面的训练报告表中。数四个数字，要听四遍。

训练报告表

第三项　听觉集中 **数出几个指定数字 的数目**	1:　　　　个	4:　　　　个	7:　　　　个	8:　　　　个

第四项　视觉分辨　　找出数序表中缺失的数字

训练内容参照第 5 日第四项。

要求　表 1 按正数序 1 ～ 20，表 2 按倒数序 20 ～ 1 寻找数序表中缺失的数字，并把缺数写在表下面的空格中。

训练

13	20	7	15	1
9	17	12	4	19
18	6	14	10	3

表 1

17	3	20	5	13
11	6	1	16	9
2	19	12	8	15

表 2

第五项　听觉转移　按词组的分类画符号

训练内容参照第 7 日第五项。

要求　听家长按顺序读 40 个词组，当听到词组属于"交通工具"类时，在相应的格子内画"√"。

训练

1	2	3	4	5	6	7	8	9	10
11	12	13	14	15	16	17	18	19	20
21	22	23	24	25	26	27	28	29	30
31	32	33	34	35	36	37	38	39	40

训练报告表

第五项　听觉转移 按词组的分类画符号	画错：　　　　　　　　　　　个

第六项　视觉集中　　读汉语拼音

目的　通过练习读汉语拼音，既可巩固学过的知识，也可提高视觉集中能力。

要求　学生集中注意读汉语拼音，争取又正确又快速。

记录　请家长帮助检测读拼音的情况，并把读错的次数和所用时间写在下面的训练报告表中。

目标　以拼读出现的错误越少，所用时间尽量短为好。

训练

三个好朋友

sān gè hǎo péng you duō kuài huo, tā mén shì gē ge、

duō duo hé kē ke。　gē ge gěi duō duo yí gè guā gua, gē

ge yòu gěi lè kē ke yí gè guǒ guo。　kē ke xiǎng yào duō

duo de guā gua, duō duo xiǎng yào kē ke de guǒ guo.

gē ge jiù bǎ duō duo de guā gua gěi lè kē ke, yòu bǎ kē

ke de guǒ guo gěi lè duō duo。dà jiā dōu kāi kǒu xiào le,

yì tóng chàng qǐ kuài lè de gē。

训练报告表

第六项　视觉集中 读汉语拼音	读错：	个	所用时间：	分	秒

第 20 日

第一项　净心训练　　静坐（10 分钟）

训练内容参照第 1 日第一项。

要求　学生端坐，两手放于膝盖；将装米的杯子置于头顶；腰背挺直，全身放松；闭目；均匀呼吸，并逐渐放慢。边数呼吸的次数，边听音乐。这样持续坐 10 分钟。

训练报告表

第一项　净心训练 静坐	所用时间：　　分	呼吸次数：　　次	掉杯子数：　　次

第二项　定点注视　　注视一点不动

训练内容参照第 1 日第二项。

准备　从"教材·答案册"书后取出卡片 1。

要求　将卡片 1 平置于距眼睛 20 厘米处，连续盯视 1 分钟。之后，眼睛看着墙壁上出现的白色圆形，数从看到白色圆形到圆形消失时间的长短。连续做三次。

卡片 1 ●

训练报告表

第二项　定点注视 注视一点不动	第一次影像延续时间	第二次影像延续时间	第三次影像延续时间
	秒	秒	秒

第三项　听觉集中　　数出几个指定汉字的数目

训练内容参照第 2 日第三项。

要求　听家长读故事《找找小蚂蚁》，数出指定汉字（"睡"，"了"，"小"，"累"）各有几个，并回答"简答"提问。将答案写在下面的训练报告表中。

训练报告表

第三项　听觉集中 **数出几个指定汉字的数目**	睡：	个	了：	个	小：	个	累：	个
	简答	1 题：				2 题：		
		3 题：				4 题：		
		5 题：						

第四项　视觉分辨　按数序在图中找到各数

目的　通过训练，提高眼睛对数字的捕捉能力，以及对数字位置的记忆能力。

要求　在图 1 中按正数序 1 ~ 20，图 2 中按倒数序 20 ~ 1，依次找到各数字。

注意　一定要按数字的数序去找，不能舍掉找不到的数字跳着找。也不能用笔画掉已经找到的数字。要用诚实的态度和持续的毅力进行练习。

记录　家长帮助监察学生练习的情况，将按数序找到各数字所用的时间写在下面的训练报告表中。并比较两次的练习是否有进步。

目标　以两次所用时间一次比一次短为好。

训练

16	7	12	8	19
6	13	9	10	2
15	1	20	17	5
4	18	11	3	14

图 1

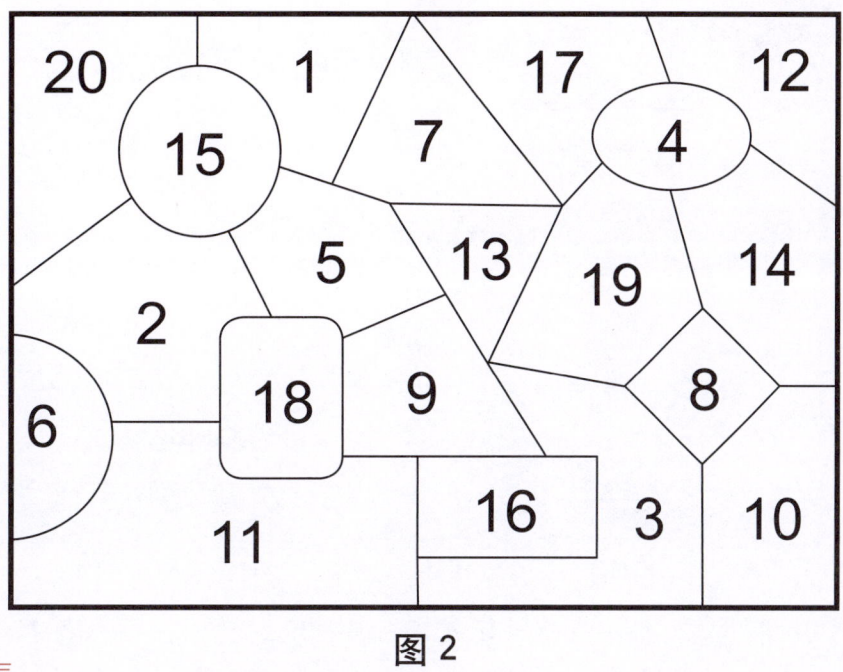

图 2

训练报告表

第四项　视觉分辨 **按数序在图中找到 各数**	正数序所用时间：　　　　分 秒	倒数序所用时间：　　　　分 秒

第五项　听觉记忆　　听记数列

训练内容参照第 2 课第五项。

　　要求　家长读数列，学生记住家长读的数列。听完一组数列后再将该数列写在训练报告表中，不能边听边记。

训练报告表

第五项　听觉记忆 **听记数列**	1 题：	
	2 题：	

第六项　视觉集中　读倒写的成语接龙

训练内容参照第 16 日第四项。

要求　集中注意力读，争取减少错误并逐渐加快速度。

记录　请家长帮助检测学生读成语的情况，并把读错的次数和所用时间写在下面的训练报告表中。

训练

　　　　　　　　　　　　　　　　　　　xù sī

忘不目过——过受人代——代万秋千——千万 绪 思——思于成行——

　bì　　　　　　zhōng　　shǐ　　wū

行必在事——事大身 终——终有始有——有乌为化——化不而食——

　zé　jī　　chōng bǐng　　　　qí qín　　　tán

食择不饥——饥 充　饼画——画书棋 琴——琴弹牛对——对户当门——

　　　　　　　　　　　shī

门之便方——方有子教——教施材因——因有出事——事论事就——

　　　　　　　　　　xiāng　　　　　　　　　liú

就名成功——功成到马——马宝车 香——香古色古——古千芳流——

　　　　　suì mìng　　　zhòng

流如月岁——岁百命长——长心 重语——语两言三——三连二接

训练报告表

第六项　视觉集中 读倒写的成语接龙	读错：　　　　　　　个字	所用时间：　　分　　秒

第 21 日

第一项　净心训练　静坐（10分钟）

训练内容参照第1日第一项。

要求　学生端坐，两手放于膝盖；将装米的杯子置于头顶；腰背挺直，全身放松；闭目；均匀呼吸，并逐渐放慢。边数呼吸的次数，边听音乐。这样持续坐10分钟。

训练报告表

第一项　净心训练 静坐	所用时间： 分	呼吸次数： 次	掉杯子数： 次

第二项　视觉追踪　扫视曲线

目的　通过此项练习，随着眼睛跟着曲线上下左右的快速转动。进一步训练了眼周的睫状肌，促进了眼周的循环。并能够从纷乱缠绕的曲线中找到此线的运动方向，从而增强了视觉的分辨能力。

准备　从"教材·答案册"书后取出卡片19。

要求　头不转动，眼睛平视卡片19，距离图20厘米或再近一些。扫视时，眼睛从黑圈沿着黑线扫视到右面的黑点，然后再按原路折回到黑圈为一次。

注意　扫视的过程中，头不能转动，眼睛一定要看清楚黑线。

记录　把在三分钟时间里扫视曲线的次数写到下面的训练报告表中。共扫视3次（3个三分钟），共记录3次。

目标　在规定时间内，以扫视的次数多为好。

训练报告表

第二项　视觉追踪 扫视曲线	第一次扫视的次数	第二次扫视的次数	第三次扫视的次数
	次	次	次

 第三项　听觉集中 　数出几个指定数字的数目

训练内容参照第 1 日第三项。

要求　听家长读数列，数出指定数字（"0"，"3"，"6"，"9"）各有几个，并将答案写在下面的训练报告表中。数四个数字，要听四遍。

训练报告表

第三项　听觉集中 数出几个指定数字的数目	0:　　　个	3:　　　个	6:　　　个	9:　　　个

 **第四项　视觉分辨** 　数相同图形的数目

训练内容参照第 6 日第四项。

要求　在下图中数出相同图形的数目，并将各种图形的数目写在图下面的空格中。

训练

第五项　听觉分辨　　找出两句话中不同的词组

训练内容参照第 3 日第五项。

要求　听家长读三题很相近的两句话，学生找出每两句话中不同的两对词组，并将三题中不同的两对词组写在下面的训练报告表中。

训练报告表

第五项　听觉分辨 **找出两句话中不同 的词组**	1 题：
	2 题：
	3 题：

第六项　视觉集中　　读汉语拼音

训练内容参照第 19 日第六项。

要求　学生集中注意拼读汉语拼音。

记录　请家长帮助检测读拼音的情况，并把读错的次数和所用时间写在下面的训练报告表中。

训练

小狗光凯

gū gu sòng gěi wǒ hé gē ge yì zhī xiǎo gǒu, tā de

míng zi jiào guāng kǎi。guāng kǎi zhēn shi yì zhī hǎo

xiǎo gǒu。 kàn jiàn gū gu gēn zhe pǎo, kàn jiàn mā ma

kāi kǒu xiào, kàn jiàn gē ge tiào de gāo, kàn jiàn wǒ

gèng shi gāo xìng de jiào。 guāng kǎi, guāng kǎi, hǎo

gǒu gou！ yǒu le nǐ, wǒ hǎo kāi xīn, hǎo gāo xìng, hǎo

kuài lè。

训练报告表

第六项 视觉集中 **读汉语拼音**	读错：	个	所用时间：	分 秒

第 **22** 日

第一项　净心训练　　静坐（10分钟）

训练内容参照第 1 日第一项。

要求　学生端坐，两手放于膝盖；将装米的杯子置于头顶；腰背挺直，全身放松；闭目；均匀呼吸，并逐渐放慢。边数呼吸的次数，边听音乐。这样持续坐 10 分钟。

训练报告表

第一项　净心训练 **静坐**	所用时间：　　分	呼吸次数：　　次	掉杯子数：　　次

第二项　视觉追踪　　扫视曲线

训练内容参照第 21 日第二项。

准备　从"教材·答案册"书后取出卡片 20。

要求　平视卡片 20，在三分钟时间内，仅扫视黑圈 1 到黑点为一次，再由黑点返回黑圈 1 为第二次。要求扫视中看清黑线。共扫视 3 个三分钟，允许记半圈。

记录　将扫视的次数写在训练报告表中。

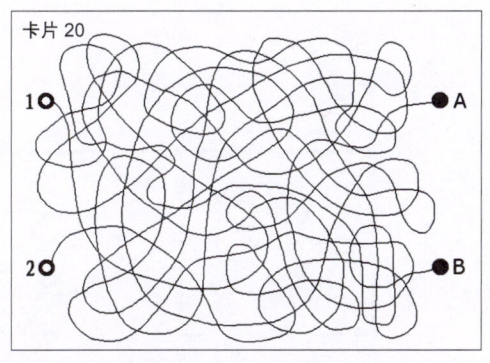

训练报告表

第二项　视觉追踪 **扫视曲线**	第一次扫视的次数	第二次扫视的次数	第三次扫视的次数
	次	次	次

第三项　听觉集中　　**数出几个指定汉字的数目**

训练内容参照第 2 日第三项。

要求　听家长读故事《船夫和他的儿子》，数出指定汉字（"船"，"衣"，"热"，"了"）各有几个，并回答"简答"提问。将答案写在下面的训练报告表中。

训练报告表

第三项　听觉集中 **数出几个指定汉字的数目**	船：	个	衣：	个	热：	个	了：	个
	简答	1 题：			2 题：			
		3 题：		4 题：				
		5 题：						

第四项　视觉分辨　　**按题目要求找出各图**

训练内容参照第 4 日第四项。

要求

图 1、图 2：在中间图中寻找与右图能够合成左边标准图的图，并在选中的图上做出标记。

图 3、图 4：找到与左面标准图相同的图，并在选中的图上做出标记。

训练

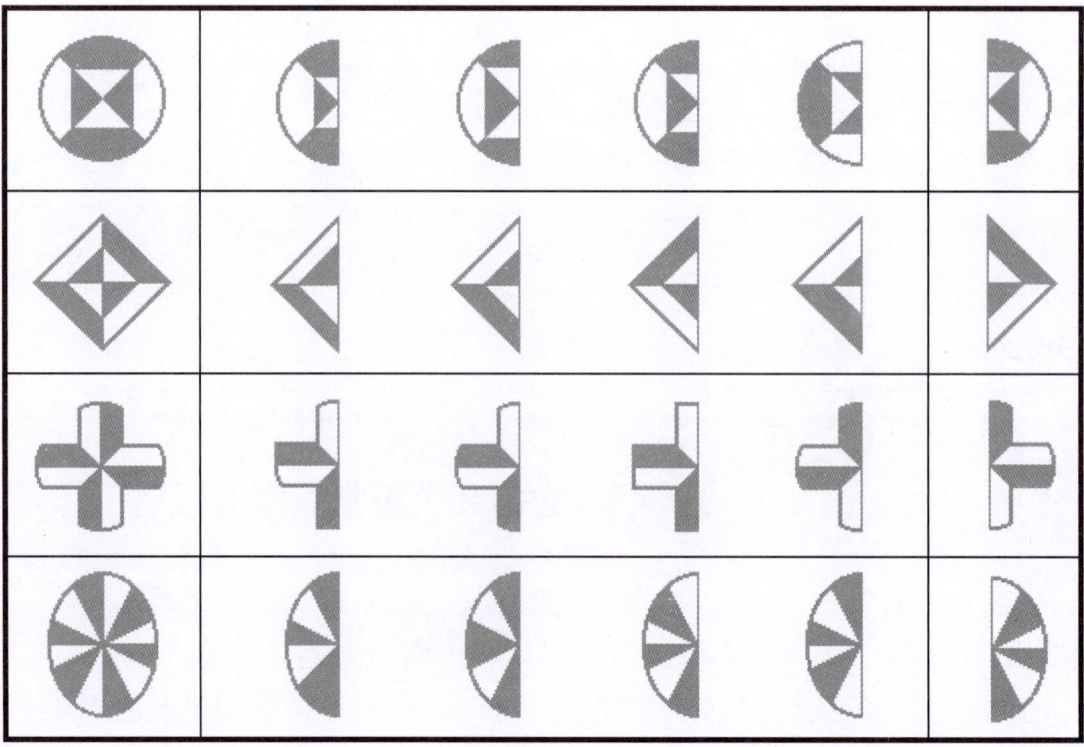

图 1

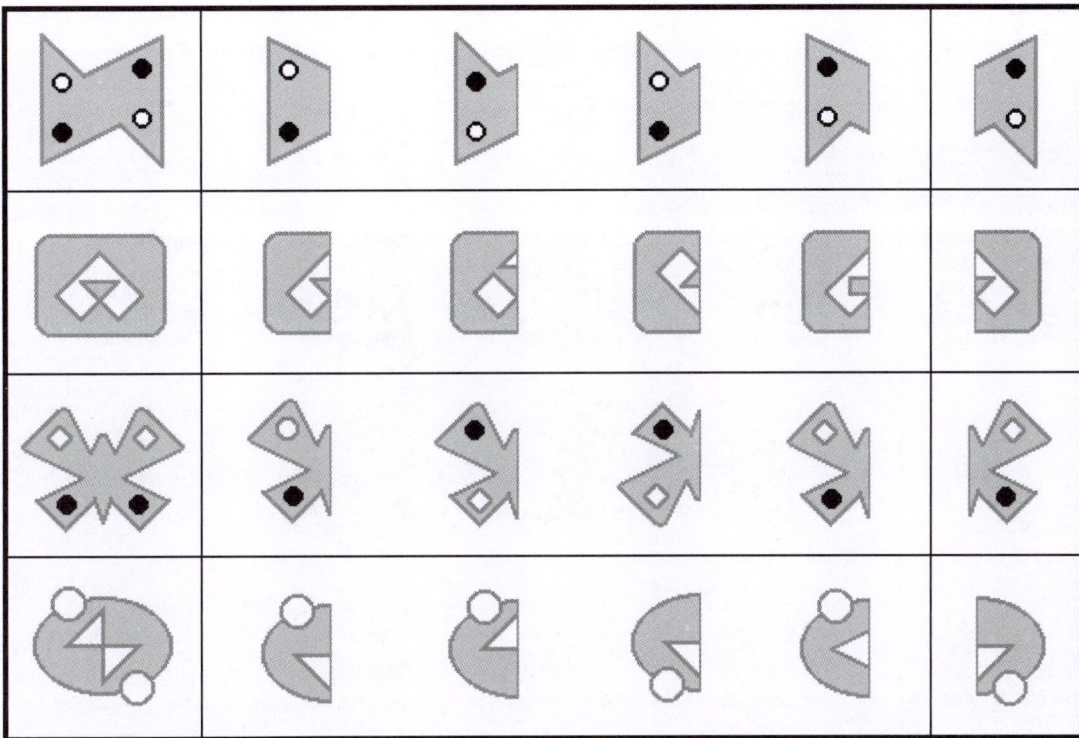

图 2

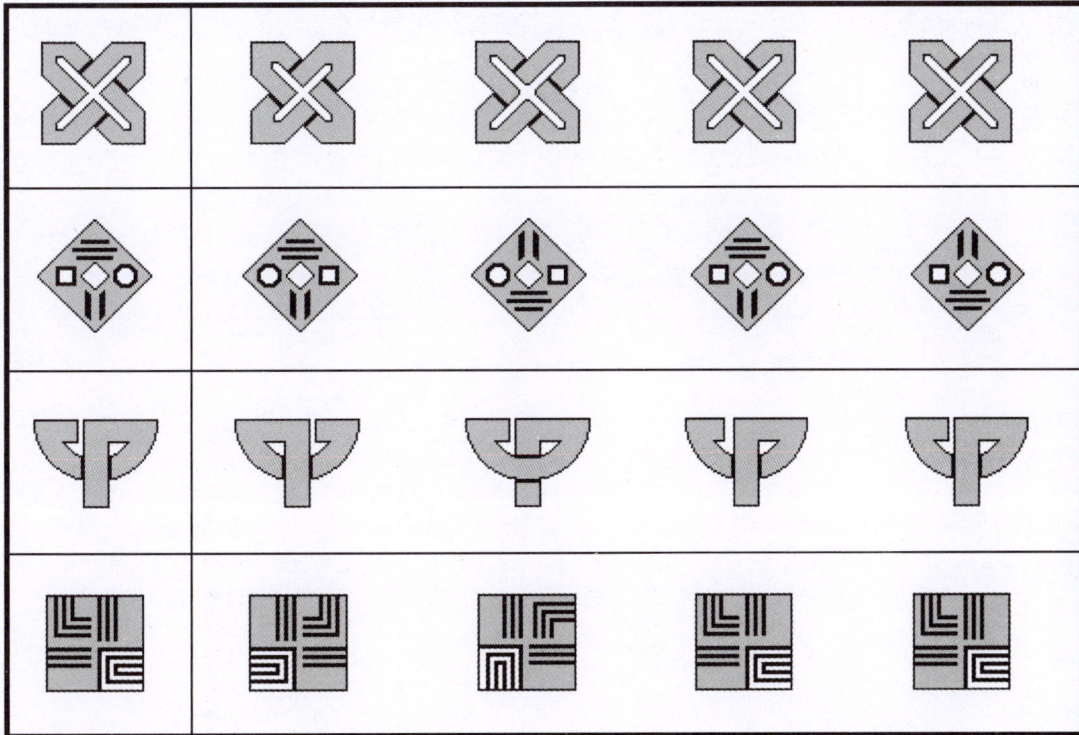

图 3

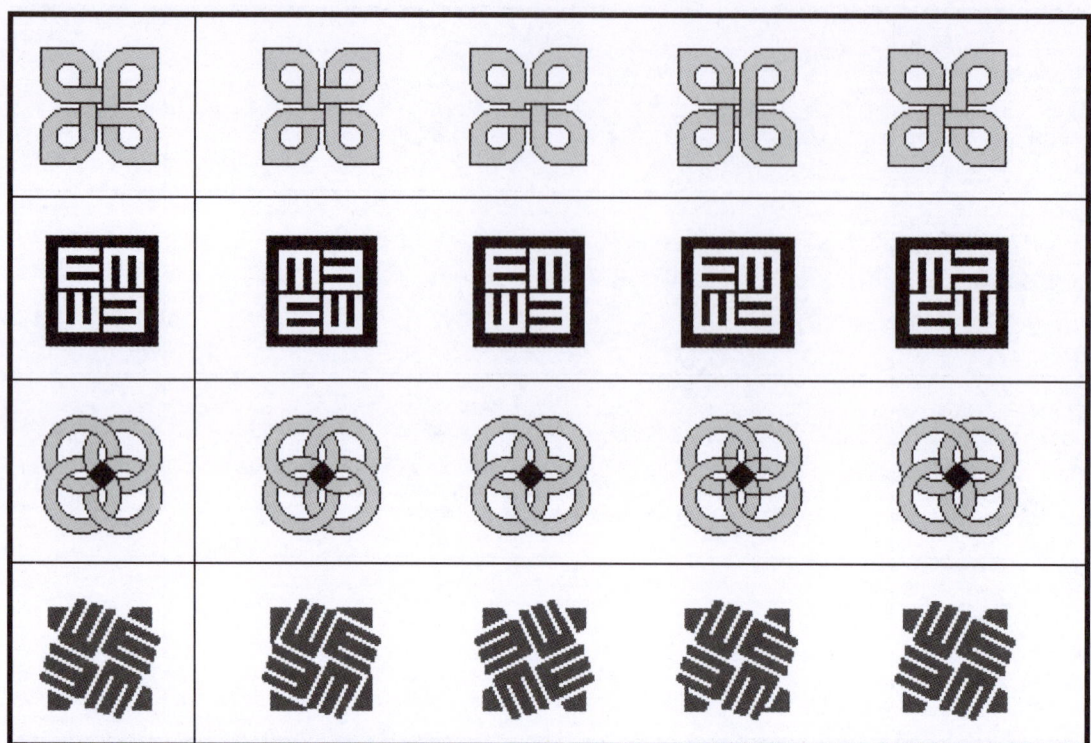

图 4

 第五项　听觉集中 　　记录数列中按数序排列缺失的数字

训练内容参照第 4 日第五项。

要求　家长读一个数列，学生认真听，边听边将找到的缺失数字写在下面训练报告表中。

训练报告表

第五项　听觉集中 **记录数列中按数序排列 缺失的数字**	1 题：
	2 题：
	3 题：
	4 题：

 **第六项　知觉转移** 　　**口手配合**

训练内容参照第 6 日第六项。

要求　大声从 72 倒数到 20，逢 2 不出声，用拍手代替。把说错和拍错的次数记在下面的训练报告表中。

训练报告表

第六项　知觉转移 **口手配合**	以拍手代替数数，说错、拍错：	次

第 **23** 日

 **第一项　净心训练**　　静坐（10 分钟）

训练内容参照第 1 日第一项。

　　要求　学生端坐，两手放于膝盖；将装米的杯子置于头顶；腰背挺直，全身放松；闭目；均匀呼吸，并逐渐放慢。边数呼吸的次数，边听音乐。这样持续坐 10 分钟。

训练报告表

第一项　净心训练 **静坐**	所用时间：　　　分	呼吸次数：　　　次	掉杯子数：　　　次

 **第二项　视觉追踪**　　扫视曲线

训练内容参照第 21 日第二项。

　　准备　从"教材·答案册"书后取出卡片 20。

　　要求　平视卡片 20，在三分钟时间内，仅扫视黑圈 2 到黑点为一次，再由黑点返回黑圈 2 为第二次。要求扫视中看清黑线。共扫视 3 个三分钟，允许记半圈。

　　记录　将扫视的次数写在训练报告表中。

训练报告表

第二项　视觉追踪 **扫视曲线**	第一次扫视的次数 次	第二次扫视的次数 次	第三次扫视的次数 次

第三项　听觉集中　　**数出几个指定数字的数目**

训练内容参照第 1 日第三项。

　　要求　听家长读数列，数出指定数字（"2"，"0"，"6"，"8"）各有几个，并将答案写在下面的训练报告表中。数四个数字，要听四遍。

训练报告表

第三项　听觉集中 数出几个指定数字 的数目	2: 　　个	0: 　　个	6: 　　个	8: 　　个

 **第四项　视觉分辨**　　数相同图形的数目

训练内容参照第 6 日第四项。

要求　在下图中数出相同图形的数目，并将各种图形的数目写在图下面的空格中。

训练

 第五项　听觉分辨　　**找出三句话中相同的词组**

训练内容参照第 5 日第五项。

要求　听家长读三题中三句不同内容的话，学生找出每三句话中相同的两个词组。

训练报告表

第五项　听觉分辨 **找出三句话中相同 的词组**	1 题：
	2 题：
	3 题：

第六项　视觉转移　　**填写缺失的数字**

目的　通过练习，不仅提高学生的视觉集中能力，也提高了视觉转移能力。

要求　对照表 1，在表 2 中把缺失的数字填写出来。

记录　家长帮助监察学生的练习情况，把填错的个数和全部填写完所用的时间都写到下面的训练报告表中。

目标　以填错的数字越少越好，所用时间越短越好。

训练

训练报告表

第六项　视觉转移 **填写缺失的数字**	填错：　　　　个	填完全部所用时间：　　　分　　　秒

1415926535897932384626433

8327950288419716939937510

5820974944592307816406286

2089986280348253421170679

8214808651328230664709384

4609550582231725359498128

4811745028410276193852 11

0555964462294895493038196

表1

1415　2653　8979　2384　2643

83　7950　8841　7169　9937　10

　8209　4944　9230　8164　6286

208　9862　0348　5342　1706　9

8　1480　6513　8230　6470　384

4609　5058　2317　5359　9812

48　1174　0284　0276　9385　11

　5559　4462　9489　4930　8196

表2

第 **24** 日

第一项　净心训练　静坐　（10 分钟）

训练内容参照第 1 日第一项。

要求　学生端坐，两手放于膝盖；将装米的杯子置于头顶；腰背挺直，全身放松；闭目；均匀呼吸，并逐渐放慢。边数呼吸的次数，边听音乐。这样持续坐 10 分钟。

训练报告表

第一项　净心训练 **静坐**	所用时间：　　分	呼吸次数：　　次	掉杯子数：　　次

第二项　视觉追踪　扫视曲线

训练内容参照第 21 日第二项。

准备　从"教材·答案册"书后取出卡片 21。

要求　在三分钟时间内，仅扫视黑圈 1 到黑点为一次，再由黑点返回黑圈 1 为第二次。要求扫视中看清黑线。共扫视 3 个三分钟，允许记半圈。

记录　将扫视的次数记在训练报告表中。

训练报告表

第二项　视觉追踪 **扫视曲线**	第一次扫视的次数 　　　次	第二次扫视的次数 　　　次	第三次扫视的次数 　　　次

第三项　听觉集中　**数出几个指定汉字的数目**

训练内容参照第 2 日第三项。

要求　听家长读故事《小白兔办报》，数出指定汉字（"小"，"翻"，"报"，"一"）各有几个，并回答"简答"提问。将答案写在下面的训练报告表中。

训练报告表

	小：　个	翻：　个	报：　个	一：　个
第三项　听觉集中 **数出几个指定汉字 的数目**	简答	1 题：	2 题：	
		3 题：	4 题：	
		5 题：	6 题：	

第四项　视觉分辨　　找出数序表中缺失的数字

训练内容参照第 5 日第四项。

要求　表 1 按正数序 1 ～ 25，表 2 按倒数序 25 ～ 1 寻找数序表中缺失的数字，并把缺数写在表下面的空格中。

训练

22	18	13	2	20
3	8	25	4	10
15	21	14	7	9
5	16	1	12	24

表 1

19	8	16	24	3
4	23	7	15	10
9	13	14	25	6
22	11	20	1	17

表 2

 第五项　听觉转移 　　**按词组的分类画符号**

训练内容参照第 7 日第五项。

要求　听家长按顺序读 40 个词组，当听到词组属于"电器"类时，在相应的格子内画"√"。

训练

1	2	3	4	5	6	7	8	9	10
11	12	13	14	15	16	17	18	19	20
21	22	23	24	25	26	27	28	29	30
31	32	33	34	35	36	37	38	39	40

训练报告表

第五项　听觉转移 **按词组的分类画符号**	画错	个

 **第六项　视觉转移** 　　**填写缺失的汉字**

训练内容参照第 23 日第六项。

要求　对照表 1，把表 2 中缺失的汉字和标点符号填上。

训练报告表

第六项　视觉转移 **填写缺失的汉字**	填错：	个	填完全部所用时间：	分　　秒

训练

田鼠邀请家鼠来赴宴，摆出地里生产的红薯干、花生等请他吃。家鼠看出田鼠很穷，便请他第二天到自己家里去做客。那天，家鼠把田鼠带到一个有钱人的库房里，找到各种鱼肉和点心来款待田鼠。正当他们面对着这些美食准备进餐时，管库房的管家婆突然走了进来，就把他们都吓跑了。

表1

田鼠 　请家鼠来赴 　摆出 　里生的红 　干、花生 　请他吃。家 　看出鼠很 　便请他 　二天 　自己 　里去客。那天，家鼠 　田鼠 　到一个有人的 　房里， 　到各种 　肉和 　心来待田鼠。正 　他们面对 　这些美 　准备进 　时，管 　房的 　家 　突然走了进来，就 　他们都 　跑了。

表2

第 **25** 日

第一项　净心训练　静坐（10 分钟）

训练内容参照第 1 日第一项。

要求　学生端坐，两手放于膝盖；将装米的杯子置于头顶；腰背挺直，全身放松；闭目；均匀呼吸，并逐渐放慢。边数呼吸的次数，边听音乐。这样持续坐 10 分钟。

训练报告表

第一项　净心训练 静坐	所用时间：　　　分	呼吸次数：　　　次	掉杯子数：　　　次

第二项　视觉追踪　扫视曲线

训练内容参照第 21 日第二项。

准备　从"教材·答案册"书后取出卡片 21。

要求　在三分钟时间内，仅扫视黑圈 2 到黑点为一次，再由黑点返回黑圈 2 为第二次。要求扫视中看清黑线。共扫视 3 个三分钟，允许记半圈。

记录　将扫视的次数记在训练报告表中。

训练报告表

第二项　视觉追踪 扫视曲线	第一次扫视的次数	第二次扫视的次数	第三次扫视的次数
	次	次	次

第三项　听觉集中　数出几个指定数字的数目

训练内容参照第 1 日第三项。

要求　听家长读数列，数出指定数字（"5"，"4"，"9"，"3"）各有几个，并将答案写在下面的训练报告表中。数四个数字，要听四遍。

训练报告表

第三项　听觉集中 数出几个指定数字 的数目	5:　　　个	4:　　　个	9:　　　个	3:　　　个

 **第四项　视觉分辨**　　数相同图形的数目

练内容参照第 6 日第四项。

要求　在下图中数出相同图形的数目,并将各种图形的数目写在图右面的空格中。

训练

b	d	q	p	t	f
d	q	t	b	p	q
b	t	f	t	b	d
d	b	p	q	q	d
f	q	b	t	t	p

	b
	d
	q
	p
	t
	f

第五项　听觉分辨　　找出两句话中不同的词组

训练内容参照第 3 日第五项。

要求　听家长读三题很相近的两句话,学生找出每两句话中不同的两对词组,并将三题中不同的两对词组写在下面的训练报告表中。

训练报告表

第五项　听觉分辨 找出两句话中不同 的词组	1 题:
	2 题:
	3 题:

 **第六项　视觉转移**　　填写缺失的汉语拼音

训练内容参照第 23 日第六项。

要求　对照表 1，把表 2 中缺失的汉语拼音字母、声调号和标点符号填上。

训练

cóng běi biān lái le gè lǎ mā, shǒu lǐ tí zhe gè tǎ mā; cóng nán biān lái le gè yǎ bā, yáo lǐ bié zhe gè lǎ bā。shǒu lǐ tí zhe tǎ mā de lǎ mā zhǎo yāo lǐ bié zhe lǎ bā de yǎ bā yào yǎ bā de lǎ bā, yāo lǐ bié zhe lǎ bā de yǎ bā bù gěi shǒu lǐ tí zhe tǎ mā de lǎ mā tā de lǎ bā。

表 1

có g běi bi n lái l gè lǎ ā, s ǒu lǐ t zhe g tǎ m ; cón nán bi n lái l gè yǎ b , yáo ǐ bié zh g lǎ bā。 hǒu lǐ í zhe t mā d lǎ mā hǎo y o lǐ b é zhe l bā e yǎ bā ào y bā d lǎ bā, āo lǐ b é he lǎ b de y bā bù gě s ǒu lǐ tí z e tǎ m de lǎ ā tā d lǎ bā。

表 2

训练报告表

第六项　视觉转移 填写缺失的汉语拼音	填错：	个	填完全部所用时间：	分	秒

第 26 日

第一项　净心训练　　静坐（10 分钟）

训练内容参照第 1 日第一项。

要求　学生端坐，两手放于膝盖；将装米的杯子置于头顶；腰背挺直，全身放松；闭目；均匀呼吸，并逐渐放慢。边数呼吸的次数，边听音乐。这样持续坐 10 分钟。

训练报告表

第一项　净心训练 静坐	所用时间：　　　　分	呼吸次数：　　　　次	掉杯子数：　　　　次

第二项　视觉追踪　　扫视曲线

训练内容参照第 21 日第二项。

准备　从"教材·答案册"书后取出卡片 21。

要求　在三分钟时间内，仅扫视黑圈 3 到黑点为一次，再由黑点返回黑圈 3 为第二次。要求扫视中看清黑线。共扫视 3 个三分钟，允许记半圈。

记录　将扫视的次数记在训练报告表中。

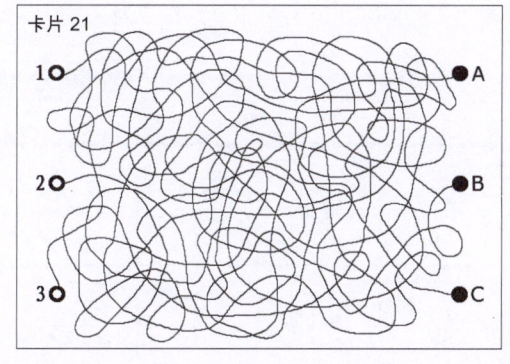

训练报告表

第二项　视觉追踪 扫视曲线	第一次扫视的次数 次	第二次扫视的次数 次	第三次扫视的次数 次

第三项　听觉集中　　数出几个指定汉字的数目

训练内容参照第 2 日第三项。

要求　听家长读故事《老马和小马》，数出指定汉字（"马"，"小"，"水"，"走"）各有几个，并回答"简答"提问。将答案写在下面的训练报告表中。

训练报告表

第三项　听觉集中 数出几个指定汉字 的数目	马：　　　个		小：　　　个	水：　　　个	走：　　　个
	简答	1 题：		2 题：	
		3 题：		4 题：	
		5 题：			

第四项　视觉分辨　　找出数序表中缺失的数字

训练内容参照第 5 日第四项。

要求　表 1 按正数序 1 ~ 25，表 2 按倒数序 25 ~ 1 寻找数序表中缺失的数字，并把缺数写在表下面的空格中。

训练

13	6	21	14	2
9	19	1	23	25
17	11	22	5	15
3	24	7	18	10

8	18	24	7	11
3	23	4	17	1
9	6	14	13	21
16	19	22	2	12

表 1

表 2

第五项　听觉分辨　　找出三句话中相同的词组

训练内容参照第 5 日第五项。

要求　听家长读三题中三句不同内容的话，学生找出每三句话中相同的两个词组。并将答案写在下面的训练报告表中。

训练报告表

第五项　听觉分辨 **找出三句话中相同 的词组**	1 题：
	2 题：
	3 题：

第六项　视觉转移　　填写缺失的数字

训练内容参照第 23 日第六项。

要求　对照表 1，把表 2 中缺失的数字填上。

训练

训练报告表

第六项　视觉转移 **填写缺失的数字**	填错：	个	填完全部所用时间：	分	秒

4 4 2 8 8 1 0 9 7 5 6 6 5 9 3 3 4 4 6 1 2 8 4 7 5						
6 4 8 2 3 3 7 8 6 7 8 3 1 6 5 2 7 1 2 0 1 9 0 9 1						
4 5 6 4 8 5 6 6 9 2 3 4 6 0 3 4 8 6 1 0 4 5 4 3 2						
6 6 4 8 2 1 3 3 9 3 6 0 7 2 6 0 2 4 9 1 4 1 2 7 3						
7 2 4 5 8 7 0 0 6 6 0 6 3 1 5 5 8 8 1 7 4 8 8 1 5						
2 0 9 2 0 9 6 2 8 2 9 2 5 4 0 9 1 7 1 5 3 6 4 3 6						
7 8 9 2 5 9 0 3 6 0 0 1 1 3 3 0 5 3 0 5 4 8 8 2 0						
4 6 6 5 2 1 3 9 4 1 4 6 9 5 1 9 4 1 5 1 1 6 0 9 4						

表1

4	288	097	665	334	612	475
648	337	678	165	712	190	1
	564	566	234	034	610	543
66	821	393	072	024	141	73
7	458	006	063	558	174	815
209	096	829	540	171	364	6
	892	903	001	330	305	882
46	521	941	695	941	116	94

表2

第 27 日

第一项　净心训练　静坐（10 分钟）

训练内容参照第 1 日第一项。

要求　学生端坐，两手放于膝盖；将装米的杯子置于头顶；腰背挺直，全身放松；闭目；均匀呼吸，并逐渐放慢。边数呼吸的次数，边听音乐。这样持续坐 10 分钟。

训练报告表

第一项　净心训练 静坐	所用时间：　　　分	呼吸次数：　　　次	掉杯子数：　　　次

第二项　视觉追踪　扫视曲线

训练内容参照第 21 日第二项。

准备　从"教材·答案册"书后取出卡片 22。

要求　在三分钟时间内，仅扫视黑圈 1 到黑点为一次，再由黑点返回黑圈 1 为第二次。要求扫视中看清黑线。共扫视 3 个三分钟，允许记半圈。

记录　将扫视的次数记在训练报告表中。

训练报告表

第二项　视觉追踪 扫视曲线	第一次扫视的次数	第二次扫视的次数	第三次扫视的次数
	次	次	次

第三项　听觉集中　数出几个指定数字的数目

训练内容参照第 1 日第三项。

要求　听家长读数列，数出指定数字（"0"，"9"，"2"，"8"）各有几个，并将答案写在下面的训练报告表中。数四个数字，要听四遍。

训练报告表

第三项　听觉集中 数出几个指定数字的数目	0：　　个	9：　　个	2：　　个	8：　　个

 **第四项　视觉分辨** **数相同图形的数目**

训练内容参照第 6 日第四项。

要求　在下图中数出相同图形的数目，并将各种图形的数目写在图下面的空格中。

训练

人	大	太	入	天	夫
人	太	天	入	天	大
太	大	人	天	夫	天
夫	太	太	大	入	人
大	人	入	人	太	夫

人	大	太	入	天	夫

第五项　听觉转移　　按词组的分类画符号

训练内容参照第 7 日第五项。

要求　听家长按顺序读 40 个词组，当听到词组属于"服装鞋帽"类时，在相应的格子内画"√"。

训练

1	2	3	4	5	6	7	8	9	10
11	12	13	14	15	16	17	18	19	20
21	22	23	24	25	26	27	28	29	30
31	32	33	34	35	36	37	38	39	40

训练报告表

第五项　听觉转移 **按词组的分类画符号**	画错：　　　　　　　　　　　　　个

第六项　视觉转移　　填写缺失的汉字

训练内容参照第 23 日第六项。

要求　对照表 1，把表 2 中缺失的汉字和标点符号填上。

训练报告表

第六项　视觉转移 **填写缺失的汉字**	填错：　　　　　个	填完全部所用时间：　　　分　　　秒

训练

古时候，有一位外科医生觉得白鹤的腿太长，而野鸭的腿又太短。它们站在一起时，一高一矮，很不协调，看着也不顺眼。他便从市场上买来一只白鹤、一只野鸭，打算改变它们的体型。回来后他立即拿了手术刀将白鹤的腿切断，又将切下的腿截下一截，之后缝合了白鹤的腿。医生再将这段截下来的白鹤腿接到野鸭的短腿上。这样，白鹤和野鸭就变得一样高了。你们想一想，白鹤和野鸭还能够生存吗？

表1

古时　　有一位外　医生　得白鹤的太长，而　　的腿又太　它们　在一起时，一高一　很不　　看着也不　眼。他　从市场上　来一只　　一只野鸭，打　改变它们的体　回来后他立　拿了手术刀　白鹤的　　　又将切下的腿下一截，之后　合了白鹤的腿。医生　将这　截下来的白　腿　到野鸭的　腿上。这样，白鹤和　鸭就　得一样　了。你们　一想，白　和野　还能　生存吗？

表2

第 28 日

第一项　净心训练　　静坐（10分钟）

训练内容参照第 1 日第一项。

要求　学生端坐，两手放于膝盖；将装米的杯子置于头顶；腰背挺直，全身放松；闭目；均匀呼吸，并逐渐放慢。边数呼吸的次数，边听音乐。这样持续坐 10 分钟。

训练报告表

第一项　净心训练			
静坐	所用时间：　　　分	呼吸次数：　　　次	掉杯子数：　　　次

第二项　视觉追踪　　扫视曲线

训练内容参照第 21 日第二项。

准备　从"教材·答案册"书后取出卡片 22。

要求　在三分钟时间内，仅扫视黑圈 2 到黑点为一次，再由黑点返回黑圈 2 为第二次。要求扫视中看清黑线。共扫视 3 个三分钟，允许记半圈。

记录　将扫视的次数记在训练报告表中。

训练报告表

第二项　视觉追踪	第一次扫视的次数	第二次扫视的次数	第三次扫视的次数
扫视曲线	次	次	次

第三项　听觉集中　　数出几个指定汉字的数目

训练内容参照第 2 日第三项。

要求　听家长读故事《煮豆浆》，数出指定汉字（"小"，"豆"，"我"，"羊"）各有几个，并回答"简答"提问。将答案写在下面的训练报告表中。

训练报告表

第三项　听觉集中 **数出几个指定汉字 的数目**	小：		个	豆：		个	我：		个	羊：		个
	简答	1 题：						2 题：				
		3 题：						4 题：				
		5 题：										

第四项　视觉分辨　　按数序在图中找到各数

训练内容参照第 20 日第四项。

要求　按正数序 1 ～ 25 和倒数序 25 ～ 1，分两次在表中依次找到各数字。

训练

训练报告表

第四项　视觉分辨 **按数序在图中找到各数**
正数序所用的时间：　　　　　分
倒数序所用的时间：　　　　　分

13	7	11	24	2
20	16	8	5	18
4	1	22	14	9
15	10	6	17	21
19	23	3	12	25

第五项　听觉分辨　　找出两句话中不同的词组

训练内容参照第 3 日第五项。

要求　听家长读几题很相近的两句话，学生找出每两句话中不同的两对词组，并将三题中不同的两对词组写在下面的训练报告表中。

训练报告表

第五项　听觉分辨 **找出两句话中不同 的词组**	1 题：
	2 题：
	3 题：

第六项　视觉转移　　填写缺失的汉语拼音

训练内容参照第 23 日第六项。

要求　对照表 1，把表 2 中缺失的汉语拼音、声调号和标点符号填上。

训练

shǒu lǐ tí zhe tǎ mā de lǎ mā gěi le yāo lǐ bié zhe lǎ bā de yǎ bā yì tǎ mā，yāo lǐ bié zhe lǎ bā de yǎ bā gěi le shǒu lǐ tí zhe tǎ mā de lǎ mā yì lǎ bā。bù zhī shǒu lǐ tí zhe tǎ mā de lǎ mā gěi le yāo lǐ bié zhe lǎ bā de yǎ bā jǐ tǎ mā，yě bù zhī yāo lǐ bié zhe lǎ bā de yǎ gěi le shǒu lǐ tí zhe tǎ mā de lǎ mā jǐ lǎ bā。

表 1

sh u lǐ í zhe tǎ m de l mā g i le yā l b é zhe l bā d yǎ bā y tǎ mā y o lǐ b é z e lǎ bā d yǎ ā g i le s ǒu lǐ t zhe tǎ ā de ǎm   ì lǎ bā   ù z ī sh u lǐ t zhe tǎ m de lǎ ā g i le y o lǐ b é z e lǎ b de y bā ǐ tǎ ā，yě ù zhī y o l bi z e ǎ ā d yǎ ěi le sh u lǐ t zhe t m de ǎm j lǎ bā。

表 2

训练报告表

第六项　视觉转移 填写缺失的汉语拼音	填错：　　　　个	填完全部所用时间：　　分　　秒

113

第 **29** 日

第一项　净心训练　　静坐（10 分钟）

训练内容参照第 1 日第一项。

要求　学生端坐，两手放于膝盖；将装米的杯子置于头顶；腰背挺直，全身放松；闭目；均匀呼吸，并逐渐放慢。边数呼吸的次数，边听音乐。这样持续坐 10 分钟。

训练报告表

第一项　净心训练 静坐	所用时间：　　　分	呼吸次数：　　　次	掉杯子数：　　　次

第二项　视觉追踪　　扫视曲线

训练内容参照第 21 日第二项。

准备　从"教材·答案册"书后取出卡片 22。

要求　在三分钟时间内，仅扫视黑圈 3 到黑点为一次，再由黑点返回黑圈 3 为第二次。要求扫视中看清黑线。共扫视 3 个三分钟，允许记半圈。

记录　将扫视的次数记在训练报告表中。

训练报告表

第二项　视觉追踪 扫视曲线	第一次扫视的次数	第二次扫视的次数	第三次扫视的次数
	次	次	次

第三项 听觉集中 数出几个指定数字的数目

训练内容参照第 1 日第三项。

要求 听家长读数列，数出指定数字（"3"，"6"，"5"，"1"）各有几个，并将答案写在下面的训练报告表中。数四个数字，要听四遍。

训练报告表

第三项 听觉集中 **数出几个指定数字 的数目**	3: _____个	6: _____个	5: _____个	1: _____个

第四项 视觉分辨 数相同图形的数目

训练内容参照第 6 日第四项。

要求 在下图中数出相同图形的数目，并将各种图形的数目写在图下面的空格中。

训练

□	○	△	○	▱	◇
▽	▭	◠	▱	▽	▭
◠	◇	□	▱	△	○
○	▱	△	○	◠	▽
△	○	▭	▱	□	◇

□	○	△	○	▱	▽	▭	◠	▱	◇

 第五项　听觉分辨　　**找出三句话中相同的词组**

训练内容参照第 5 日第五项。

要求　听家长读三题中三句不同内容的话，学生找出每三句话中相同的两个词组。

训练报告表

第五项　听觉分辨 **找出三句话中相同的词组**	1 题：
	2 题：
	3 题：

 **第六项　知觉转移**　　**口手配合**

训练内容参照第 6 日第六项。

要求　大声从 87 倒数到 15，逢 6 不出声，用拍手代替。把说错和拍错的次数记在下面的训练报告表中。

训练报告表

| 第六项　知觉转移
口手配合 | 以拍手代替数数，说错、拍错： | 次 |

第 30 日

第一项　净心训练　　静坐（10 分钟）

训练内容参照第 1 日第一项。

要求　学生端坐，两手放于膝盖；将装米的杯子置于头顶；腰背挺直，全身放松；闭目；均匀呼吸，并逐渐放慢。边数呼吸的次数，边听音乐。这样持续坐 10 分钟。

训练报告表

第一项　净心训练 **静坐**	所用时间：　　分	呼吸次数：　　次	掉杯子数：　　次

第二项　视觉追踪　　扫视曲线

训练内容参照第 21 日第二项。

准备　从"教材·答案册"书后取出卡片 22。

要求　在三分钟时间内，仅扫视黑圈 4 到黑点为一次，再由黑点返回黑圈 4 为第二次。要求扫视中看清黑线。共扫视 3 个三分钟，允许记半圈。

记录　将扫视的次数记在训练报告表中。

训练报告表

第二项　视觉追踪 **扫视曲线**	第一次扫视的次数	第二次扫视的次数	第三次扫视的次数
	次	次	次

第三项　听觉集中　　**数出几个指定汉字的数目**

训练内容参照第 2 日第三项。

117

要求 听家长读故事《两张账单》，数出指定汉字（"澳"，"元"，"的"，"了"）各有几个，并回答"简答"提问。将答案写在下面的训练报告表中。

训练报告表

第三项　听觉集中 **数出几个指定汉字 的数目**	澳：　　　　个	元：　　　　个	的：　　　　个	了：　　　　个
	简答：	1 题：		2 题：
		3 题：		4 题：
		5 题：		6 题：

第四项　视觉分辨　按数序在图中找到各数

训练内容参照第 20 日第四项。

要求 按正数序 1 ~ 25 和倒数序 25 ~ 1，分两次在表中依次找到各数字。

训练

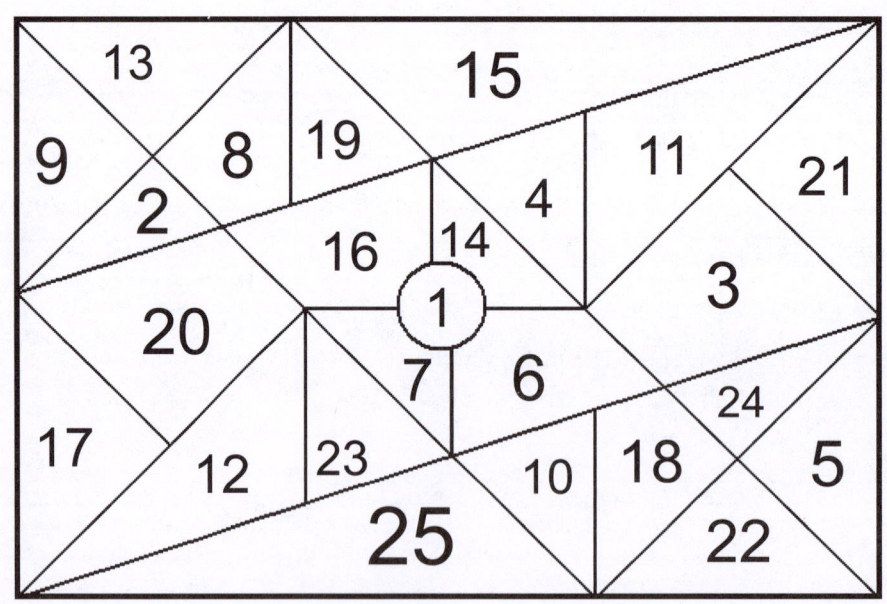

训练报告表

第四项　视觉分辨 **按数序在图中找到各数**	正数序所用时间：　　　　分	倒数序所用时间：　　　　分

 **第五项 注意力测试** 视觉测试

测试方法及内容同于第 1 日，请参照进行。

测 试 题 答 卷

题目	1K	1H	5X	C5	A7	O2	1V	3K	9Z	X9	W8	N12	2M	L5	Z19
答案															
题目	B5	4H	L1	12Z	19H	5L	J7	C1	I18	8R	M20	13S	2N	4Q	P20
答案															
题目	6G	3F	3R	14Y	2T	L17	18C	4D	3X	5Y	1Q	V13	13J	4B	5R
答案															
题目	9S	G8	B2	5J	3W	4L	7Q	13K	Z11	5T	8R	17X	9D	1Y	I4
答案															
题目	F33	T38	27P	22D	Z21	C16	31M	24W	35H	Y37	D33	28X	33T	29O	F39
答案															
题目	13B	G15	22X	28S	34Q	37N	9W	14J	28F	32D	37W	H34	K25	18B	I24
答案															
题目	36X	31O	25C	23P	40H	36F	V39	4D	15K	30S	24Y	21J	H25	15X	33I
答案															
题目	24F	28W	36G	39Q	R31	T34	H37	X32	K27	33X	29F	27X	32H	D37	T18
答案															

检测方法

1. 把全部做完 120 题的时间记录在下面的训练报告表中。

2. 家长把学生的"测试题答卷"对照"测试题答案"（"教材·答案册"第 30 日第五项），找出错误的个数，并计算错误个数所占的百分比。再把结果写到下面的训练报告表中。

3. 比较开始训练前（第 1 日）和训练后（第 30 日）的各项数值：所用时间，错误个数的百分比等。即为视觉注意水平的提高程度。

训练报告表

第五项　注意力测试 **视觉测试**	题目总数：　120 个	错误个数：　　　个
	所用时间：　　分　　秒	错误个数所占百分比： 错误个数 / 题目总数 ＝　　　%
	训练前后所用时间减少的百分比： 训练前所用时间 − 训练后所用时间 / 训练前所用时间 ＝ 　　　%	训练前后错误个数降低的百分比： 训练前错误个数 − 训练后错误个数 / 训练前错误个数 ＝ 　　　%

第六项　注意力测试　听觉测试

测试方法及内容同于第 1 日，请参照进行。

检测方法

1. 把正确重复的句子数和正确句子所占百分比写在下面的训练报告表中。

2. 比较开始训练前（第 1 日）和训练后（第 30 日）正确句子个数增加所占的百分比。即为听觉注意水平的提高程度。

训练报告表

第六项　注意力测试 **听觉测试**	句子总数：12 句	正确重复的句子数：　　句
	正确句子所占百分比： 正确句子 / 句子总数 ＝　　　%	听知觉能力提高的百分比： 训练后正确句子 − 训练前正确句子 / 句子总数 ＝　　　%

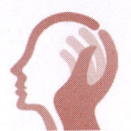
 **第一作者简介**

 杨 其 铎

　　杨其铎，著名儿童教育专家，国家科技部项目顾问，"壹嘉伊方程"原创人。

　　杨其铎从事儿童教育研究30多年，是一位集理论与实践为一身的教育专家。早先从对自己的女儿进行教育入手，由两个女儿的成功教育（一为北京大学医学博士、哈佛大学研究学者；一为15岁以专业成绩全国第一名考入中央工艺美术学院—现清华大学美术学院），进而推广到研究普通儿童的全面素质教育。她在其后18年的群体实践中，已培养出近千名品格优秀、智力超常的孩子。

　　杨其铎历经三十几年的研究和实践，研究开发出3～13岁儿童的整套教育方案与教材教具——《壹嘉伊方程》。《壹嘉伊方程》曾在北京大学进行过试点，得到国家教育部前任副部长韦钰的赞赏。

　　杨其铎研究家庭教育也有30多年历史，在中国很多城市进行过演讲、专题讲座（2014.4—2015.6在湖南省图书馆连续进行的"家庭教育讲座"十六讲。），多次被电视台进行专访报道。在指导家长如何进行家庭教育上做出很大成绩，帮助很多家长解决了忧患和烦恼，改造了大量有不良习惯的儿童。

　　2004年，杨其铎的教学科研成果《壹嘉伊方程》丛书开始出版，2008年～2012年又有大批教材问世。至今已出版书籍八套共40多本，其中："家庭教育"方面的书籍2本，《壹嘉伊方程》教材七套，40本。

她的书籍受到广大家长的如潮好评，得到国内外教育权威人士的高度认同，他们评价此书是"填补了中国乃至世界脑科学发展的操作部分"，是"符合儿童认知和心理发展"的书籍。

杨其铎的专著已在国内和美洲，欧洲，澳洲等有华人的地方广泛传播，其中《四五快读》连续多年荣登当当网畅销书榜首，发行已突破 200 万册。《四五快读》在美国是学习华文教材的第一位，澳洲"孔子学院"也把它作为学习华文的教材；《30 天注意力提升》也一直热销，并成为国内广大培训机构的教材以及医疗机构的矫正教材。

杨其铎三十几年的教育研究和实践过程，可概括为三步进行：第一步对自己孩子的教育（个案），第二步是对普通儿童的教育，在自己创办的实体中进行实验研究（群案），第三步是对广大儿童的教育（经由出版书籍对广大儿童进行的教育）。这三层教育都收到了令人信服的效果。由此可以证实，杨其铎的研究成果具有坚实的实践基础，是符合中国国情、符合儿童心理和认知水平的。

注意力

是提高学习能力至关重要的心理品质

再 版 前 言

《30天注意力提升》第一版于2008年问世，至今已10年，一直属于常销书类。虽然需求的人数不少，也一直不断地加印。但我个人感觉，它并没有达到我写此书的预期目的，因为它不如《四五快读》那样被人们需求、追捧。然而实际上，注意力培养的重要性绝不亚于家长所认为的早期识字阅读和数算，甚至更为重要，因为它是保证学习质量高低的决定因素。

10多年前，北京大学的博士生导师预见我国儿童"注意力涣散"的情况会越来越严重，并希望我能关心这方面的问题。于是我萌生了写一套提升注意能力的书的想法。当有培训机构知道我的动机后，不失时机地向我伸出橄榄枝，要出天价买断壹嘉伊"注意力提升教材"的版权，供他们旗下的培训点使用。当然我不会为了钱改变我的初心——为中国广大的孩子写一套能帮助他们改变命运的书。因为在中国，学习成绩几乎是决定命运的标尺，而注意力又是提高学习成绩的至关重要的心理品质。

由于第一版出版发行几年后的情况，距离我的初心差距太大，我有时甚至会想，如若当年交给培训机构，通过他们的宣传也许受益的孩子会更多、更广。

今年，湖南科学技术出版社准备修订再版此书，我进行了深刻的思考，确实发现了第一版的几个"误区"。

1. 第一版的定位不够准确。在前言"纠正极具破坏力的学习习惯——注意力涣散"中，强调的是这套书专门针对注意力涣散的孩子，供他们改善注意涣散的毛病，是一本"治病"的书，而不是"预防"的书。因此只有发现孩子的注意力确实有问题了，家长才来光顾此书，属于"亡羊补牢"。

而本套书的作用决不仅限于此。对于注意力没有什么毛病的孩子，用这套训练方案可以很大程度地提高注意品质，成为学习能力超强的人。"亡羊补牢"毕竟无奈，防患于未然，加强培养才是根本。

2．第一版没有明确指出儿童形成"注意涣散"的众多原因，所以在指导家长如何帮助孩子克服不良习惯方面的力度不够。

现实中我们所有的学生几乎都存在着程度不同的"注意力不良"的问题，形成的原因和我们的教育现状，包括学校教育、家庭教育都有着密不可分的、千丝万缕的联系。尤其是"独生子女"一代，从小以这种特殊的身份长大，环境的副作用烙印不可避免地印在了孩子身上。所以这一版（第二版）在"家庭教育不当"的形成原因中我下了大力，列举了诸多家庭教育不当的表现，分析了形成的原因，给出了改变状况的建议。这个做法不仅对于注意问题较大的孩子家长有着明确的指导作用，而且对于注意品质没有什么问题的孩子家长、甚至幼童的家长都是有着借鉴意义的。

这一版（第二版）我们设计了"问卷"，家长可以通过回答问卷，自查"注意力不良"的程度，搞清楚自己孩子的注意品质属于什么程度；如果属于涣散，形成的原因又在哪里，如何纠正等，这样在指导家长如何操作上就提升了一个高度。

总之，《30 天注意力提升》这套书除了可以"治病"，帮助注意涣散的孩子纠正不良习惯外，一个更大的作用，就是可以用它来"培养和优化"孩子的注意品质，为孩子的学习能力大幅加分。

如果再版的《30 天注意力提升》能够唤醒更多的家长懂得注意力的重要，重视对孩子注意力的培养，并能尽快开始对孩子进行注意力提升的训练的话。那么我才会真正感到欣慰，真正感到自己做了一件有用的事。

注意力的定义

注意力是什么？

大家在听课或看电影时都会有深刻的体会，那就是必须要将眼睛、耳朵都指向老师、黑板或银幕，才能接受信息。但是如果我们虽然眼睛盯着、耳朵也听着，心思却没有集中到这些地方，就会出现"视而不见，充耳不闻"的现象。为什么呢？那是因为我们的心思（即心理活动也称**"意识"**）没有参与到这个认识过程中来，也就是"心"（实际是"意识"，俗称"心"）跑了，于是就出现了"心不在焉"的现象。

为了听好教师的讲课，我们必须先让"心"指挥好眼睛和耳朵，看着或听着所要接受的信息，再控制住"心"，不让它跑了。那个能够控制住"心"的是谁呢？是**"动机、意志等非智力因素的组合"**，这个就可以称之为**"注意"**。

因此，要全面认识事物，必须要有**注意＝意志**等的控制，才能使被控制的**意识（心）**稳定于这个认识过程，达到"一心一意"的目的。

从而，我们得出了"注意力"的定义：**将意识指向并集中于一定对象的能力，是学习知识的门户，是一种宝贵的心理品质。**

俄国教育家鸟申斯基曾把注意力比喻为"一扇门"，凡是外界进入心灵的东西都要通过它。如果这扇门半开半闭或者没有开启，外界的东西也就只能够进来一部分，甚至一点都没有进来。这样就一定会影响学习效果。

第一部分

培养和提升注意力可以为孩子的一生奠定坚实基础

决定"注意力"好坏的要素

影响"注意力"好坏的因素很多，例如先天的神经类型、气质类型、激素水平；后天的个性、意志力、感觉统合程度以及不同的家庭教育方式对人的影响等。

若要具备优秀的注意力品质，具体归结起来，最重要的是两大要素：

一是好用的眼睛和耳朵。

二是良好的意志力。

眼睛和耳朵要好用到什么程度呢？

眼睛：不仅要能看见，还要能看全（范围），能看清楚（细节）；不仅要能看正确，还要能看懂（理解）；并且要能记住。

耳朵：不仅要能听见，还要能听全（完整），能听清楚（细致）；不仅要能听正确，还要能听懂（理解）；并且要能记住。

良好的意志力：由最初的自控力发展到在学习或工作时能够克服自身的疲劳、病痛等困难，顶住外界的任何干扰甚至引诱，不让它们把自己的"心"拉走。

要把注意力训练到上面所说的程度，对于幼儿、儿童肯定需经过一个长时间的训练过程。

为什么必须要经过长时间的训练呢？
儿童"注意"的特点

● **儿童期，"注意"由无意注意向有意注意发展**

儿童注意的发展是和神经系统的发育、主导活动的形式以及情感、意志等因素相联系的。

学前儿童的认知能力、自控力都还没有很好地发展，神经系统还都处于发育中。此时幼儿的主导活动是游戏，一般没有学习任务。因此他们的注意没有一定的方向和目的，主要处于**无意注意**。他们很容易被客观环境的各种因素：声音、色彩、活动的事物，突发的情况所吸引。

当他们进入小学，主导活动便由游戏变为了学习，此期教师的任务是不断向儿童提出各种要求，儿童的注意力也就在教师的引领下由低级的无意注意逐渐向高级的**有意注意**发展。

渐渐地，小学低年级的孩子已经能够按照教师的要求进行听讲、读写等学习活动，但他们的自我控制能力较弱，容易受外界事物的吸引，而分散注意力。

随着教师长时间对儿童提出各种提高注意力的要求，小学生的**有意注意**就逐渐发展起来。开始时还是被迫的，以后才能够自己强迫自己去学习，到了小学高年级才能较自觉地学习。

● **儿童"注意"的稳定性是影响学业第一位的因素**

注意本身表现有各种不同的品质（特点），例如：注意的集中性、稳定性，注意的分配范围和注意的转移等。这些特点之间是相互联系的，这些品质的优劣又和儿童的生理发育水平、儿童的知识水平、生活经验、思维水平以及儿童所面对不同事物的性质、内容有关。

这些品质中，注意的稳定性，即指注意集中并持久于所做的工作或所认识的事物的能力，是学习期间第一位重要的因素，是顺利完成课业的保证。

● **主要影响儿童注意稳定的 2 个因素**

①儿童的年龄影响"注意"的稳定性，表现为儿童注意的稳定性随年龄的增长而增强。而注意的其他各特点，例如注意分配、注意转移等也会随着儿童年龄的增长，在成长中逐渐发展起来。一般情况下，儿童集中、稳定注意力的时间见下表：

儿童年龄	注意集中时间
7—10 岁	约 20 分钟
10—12 岁	约 25 分钟
12 岁以上	约 30 分钟

②儿童在成长过程中所面对的活动内容、形式，儿童活动指导者的水平等对其注意的稳定性影响明显。如果在实践中，引导者能够根据孩子的心理、兴趣，把所学内容变得更为生动活泼的话，孩子注意的稳定性就可以提高很多。

例如：在课堂上，学生的数量比较多，如果教师能够把教学组织得更紧凑，内容更生动直观，方法更多样化一些，学生在课堂中的注意时间是可以保持到 45 分钟的。

总之，儿童的注意能力是要经过一个比较长的时间，在诸多因素的影响下发展起来，逐渐达到理想的程度。

提升"注意"品质，重点训练"视知觉"和"听知觉"能力

我们先搞清楚几个名词，要知道视觉、听觉和视知觉、听知觉不是一回事。

良好的注意品质是要把视觉和听觉获得的信息传递到大脑，并进行加工，再完整地把客观事物的整体形象反映出来。而这个传递、加工、反映的心理过程，就是"知觉"。

只有视觉（看得见）和听觉（听得见）还不够，一定要达到能够完整反映事物的程度，即要有较好的"视知觉"能力和"听知觉"能力。

良好的视知觉和听知觉能力一定是有"意识"的参与才能获得，一定要经过大脑的传递、加工等心理过程才能完成。

● "视知觉"能力包含

视觉集中（将视力集中于所见的事物）。

视觉分辨（分辨清楚相近事物的不同）。

视觉宽度（视力能够看到的最大范围）。

视觉转移（将视力从一个事物转到另一个事物）。

视觉理解（理解所见事物）。

视觉记忆（记住所见到的事物）。

视动协调（边看边说或边看边写的协调能力）等。

● "听知觉"能力包含

听觉集中（将听力集中于所听的事物）。

听觉分辨（分辨清楚所听事物的细部或不同）。

视觉转移（将听力从一个事物转到另一个事物）。

听觉理解（理解听到的事物）。

听觉记忆（记住听到的事物）。

听动协调（边听边写、边听边动的协调能力）等。

如果我们希望孩子能够具有比较理想的注意品质的话，就必须要训练"视知觉"和"听知觉"的各种能力。

《30 天注意力提升》即是训练、提升"视知觉"和"听知觉"能力的一套教材

第二部分

小学生注意力涣散的治疗

当前中国学生的注意力和学习情绪普遍存在问题，形成的原因很多：因为学习压力大，考试不断，疲惫不堪，厌学，再加上培训项目过多，没有自己的活动空间……而且注意涣散的程度不同，严重的导致多动症，对立违抗，轻度的则为注意涣散。

一、小学生注意力涣散的常见表现及原因

（一）粗心：看错、听错、抄错

表现：

1. 读书时：读错，漏读；

2. 写作业、考试时：看错，抄错，漏题；

3. 留作业时听题、考试时考听写题经常听错。

原因：

1. 视知觉能力差：或视觉集中、或视觉分辨、或视觉宽度、或视觉理解、或视觉记忆、或视觉转移、或视动结合差；

2. 听知觉能力差：或听觉集中、或听觉分辨、或听觉理解、或听觉记忆、或听觉转移、或听动结合差。

（二）做作业慢，做事效率低

表现：

1. 作业时间比应完成时间长几倍；

2. 边做作业边玩；

3. 没有家长陪就做不完。

原因：

1. 学习习惯不良；

2. 有依赖心；

3. 视知觉能力差：或视觉集中，或视觉分辨，或视觉宽度、或视觉理解，或视觉记忆，或视觉转移、或视动协调差。

（三）上课思想不集中

表现：上课讲话、做小动作，走神，没有听见课堂内容。

原因：

1. 上课内容听不懂，理解力差；

2. 自控力差，注意集中能力、指向性差；

3. 听知觉能力或注意转移差。

（四）其他方面

表现：

1. 特别不愿意做那些需要持续用脑的功课或训练；

2. 游戏，做事时不注意细节，常犯粗心大意的错误；

3. 经常弄丢东西，例如玩具，铅笔，书本或其它学习用具；

4. 经常忘事，例如上学校时丢三落四，忘记老师、家长安排和分配的任务；

5. 在完成任务或做功课时常常虎头蛇尾，不能按要求将事情做到底；

6. 家长对孩子讲的话，孩子经常听不见。

原因：

1. 依赖性强；

2. 意志力薄弱；

3. 缺乏责任心；

4. 注意指向性差，听知觉能力差；

5. 家长在教育中缺失对注意能力的培养。

我们总结出，注意涣散发生的重要原因有三个方面：

1. 单纯的注意品质弱：表现为：

① 注意集中能力差，注意指向性差，转移能力差。

② 视知觉能力差．听知觉能力差。

2．行为习惯、心理能力差，导致注意力涣散。表现为：

① 依赖性强，缺乏责任心。

② 自控力差，意志力薄弱。

3．学习习惯不良：学习能力差，理解力差。

二、自查 "注意力不良" 的程度

既然注意力的形成或培养都是个长期的过程，那么当我们的孩子在上学以后出现了注意力涣散的表现时，就要找到根源，而且很多原因是从很小的时候就存在的。

为了帮助孩子治疗这个"毛病"，必须先要准确地查找和判断孩子"注意力不良"的表现属于什么类型，再根据原因对症下药。

（一）填表：

请家长按照孩子的实际表现，针对以下问题，在情况符合的括号【 】内打勾：

表 1

序号	类型号	标记括号	孩 子 的 表 现
1	2 号	【 】	我的孩子上课 10 分钟后，就开始动、说小话。
2	1 号	【 】	我的孩子在做作业时，经常听错教师或家长读的题目。
3	3 号	【 】	我的孩子在做作业时，没有家长陪就做不完。
4	5 号	【 】	我的孩子经常处于活跃状态，就像上了发条一样不停地活动。
5	2 号	【 】	我的孩子上课时经常左顾右盼，和同学说话，做小动作。
6	4 号	【 】	我的孩子经常听不懂老师在课堂上讲的内容。
7	5 号	【 】	我的孩子经常在需要安静的场合，不听劝告地四处奔跑或攀爬。
8	3 号	【 】	我的孩子常常无法按照指示完成作业、任务或其他事情。
9	4 号	【 】	我的孩子各科成绩都不够理想，孩子自己也很是焦急。
10	5 号	【 】	我的孩子很难静下来玩耍或安静地游戏。（除了看电视、打电游）

表1　续表

序号	类型号	标记括号	孩　子　的　表　现
11	2 号	【　　】	我的孩子经常不知上课讲的是什么，不知留的作业是什么。
12	4 号	【　　】	我的孩子上课很不爱举手。（因为不自信，怕答错）
13	2 号	【　　】	我的孩子在做作业时效率很低，边做边玩，用的时间常常几倍于应该完成的时间。
14	1 号	【　　】	我的孩子在考试时，经常听错教师读的题目。
15	5 号	【　　】	我的孩子常常不能参加有序、轮流的游戏或活动，例如不能耐心地排队等待。
16	4 号	【　　】	我的孩子在做作业时经常因为不会做而拖延了时间。
17	3 号	【　　】	我的孩子经常弄丢东西，例如玩具，铅笔，书本或其它用具。
18	2 号	【　　】	我的孩子在做作业时不能集中精神，一有风吹草动就会分心。
19	1 号	【　　】	我的孩子在考试时，经常看错题，抄错字，抄错符号，抄错得数，丢题。
20	5 号	【　　】	我的孩子常常在老师还没有说完问题时就抢着回答。
21	3 号	【　　】	我的孩子经常忘事，例如上学校时丢三落四，忘记老师安排和分配的任务。
22	2 号	【　　】	我的孩子逃避或不愿意做较为细心的事。
23	1 号	【　　】	我的孩子在做作业时经常掉字、写错字、写错符号，抄错得数。
24	3 号	【　　】	我的孩子经常听不见别人对他讲的话，家长要求他做某件事时，要说上很多遍。
25	5 号	【　　】	我的孩子常常在课堂上或其他应该坐好的场合，不听劝告地站起来。
26	4 号	【　　】	我的孩子学习还是比较努力，课堂上也能注意听，但成绩并不理想。
27	2 号	【　　】	我的孩子从小在游戏、做事时就不注意细节，常常犯粗心大意的错误。
28	1 号	【　　】	我的孩子在读书或读课文时，容易读错字，加字或丢字很多。

表1　续表

序号	类型号	标记括号	孩　子　的　表　现
29	5 号	【　　】	我的孩子手或脚经常不安地动来动去或坐不住。
30	4 号	【　　】	教师有时问我的孩子有没有不懂的地方，他也说不出来。
31	2 号	【　　】	我的孩子上课经常走神，没听见老师的讲课内容。
32	1 号	【　　】	我的孩子在考试时，难题做得对，不该出错的地方反而出错。
33	3 号	【　　】	我的孩子遇到他认为难做的事情甚至难度大些的游戏就拒绝继续做下去。
34	5 号	【　　】	我的孩子在许多场合都会贸然介入别人的活动或谈话。

（二）进行总结：

类型号 1 号 共计（　　　　）个记号

类型号 2 号 共计（　　　　）个记号

类型号 3 号 共计（　　　　）个记号

类型号 4 号 共计（　　　　）个记号

类型号 5 号 共计（　　　　）个记号

（三）结论：

1 号　多于 4 个——缺少注意力专项训练。

2 号　多于 6 个——有注意力涣散倾向。

3 号　多于 6 个——因为家庭教育失当，直接造成"自控力差，意志力差，依赖性强，没有责任心"等个性特点，间接造成"注意力涣散"。

4 号　多于 4 个——学习能力较差。

5 号　多于 6 个——有多动症的行为症状。

此自查的量表是根据我多年在实践中积累的经验研究总结而成，是给大家提供建议的，而不是用于医学诊断的量表。

三、各型注意不良的形成原因与纠正方法

（一）1 号类型——缺乏注意力专项训练：

采用提高视知觉和听知觉的训练方法即可。

（二）2号类型——注意力涣散：

表2　　　　　　　　　　注意力涣散的形成原因及纠正方法

形　成　原　因	纠　正　方　法
1.气质类型（例如：多血质）使然。	尽力矫正因气质带来的弱点。
2.不当的家庭教育环境及方法没养成孩子"守规矩"的良好习惯。	努力改变家庭教育的方法。
3.课堂内容较为枯燥，吸引不了孩子，于是上课做小动作，说话，玩。	努力提高孩子的自控力。
4.孩子受到的关注和表扬不多，于是千方百计表现自己，以便引起大家的注意。	增强对孩子的关注，以鼓励的教育方法提高孩子的自信。
5.上课的内容听不懂，累积起来更觉得吃力，因此不认真听课，逐渐形成注意力涣散的习惯。	想办法帮孩子补齐功课，并培养良好的学习习惯。
6.孩子迷上看电视、上网、电游，无心学习，注意力不能集中听讲。	努力引导孩子远离不良爱好。
7.孩子课外训练的项目过多，孩子已经没有足够的精力集中听课。	适当减少课外培训的数量。
8.家长额外给孩子增加作业或做"考试卷子"，使孩子更加厌倦学习。	家长应该杜绝这种做法。

（三）3号类型——家庭教育失当：

表3　　　　　　　家庭教育的失当形成注意力涣散的原因及纠正方法

原因	具　体　表　现	纠　正　方　法
缺乏培养注意力的理念和方法	1.家长自身浮躁的性情，给孩子带来不良影响。	家长以安详的态度和稳定的情绪来感染孩子，做孩子的好榜样。 说话简洁清晰，减少重复，不要唠叨。 给孩子指令时，逐渐做到只说一次。
	2.忽视"净心"的训练： ①家长没有训练孩子"净心、专注"的意识和能力。	家长要明了培养"净心、专注"的习惯是对孩子一生最大的帮助。
	②没有给孩子营造"安静"的环境。	保持安详、宁静的家庭氛围，排除喧闹、嘈杂的因素。

表3　续表

原　因	具　体　表　现	纠　正　方　法
缺乏培养注意力的理念和方法	③经常带孩子参加热闹、刺激的活动。	减少带孩子参加热闹、刺激活动的次数。
	④从小的阅读不够。	即刻开始培养孩子的阅读习惯。
	3. 玩具、书籍过多。	控制玩具和书籍的数量，争取做到每本书、每个玩具都能反复接触过。
	4. 看电视时间过多。	减少看电视的时间，每天不能超过 1 ~ 2 小时（2 岁以内幼儿应杜绝看电视）。要做出规定并严格执行，家长必须带头做到。
	5. 参加各种培训与活动过多。	适量参加各种培训班，以确实能够收到"提高学习兴趣"和"提高才艺水平"为标准。
	6. 对孩子的帮助（辅导）过多。	对孩子的帮助（辅导）过多，反而会养成孩子"上课不听讲，回家等'补课'"的依赖心理，进一步使注意力涣散。应该努力培养孩子的自学能力和良好的学习习惯。
不重视体育和动手的训练	1. 不重视体育锻炼。	感觉统合失调的孩子，没有能力控制自己的注意力，从而形成注意力涣散，甚至成为多动症。加强体育运动（大肢体运动）可以提高感觉统合水平，即可保证良好的注意集中和自我控制能力。
	2. 不重视动手的训练。	手是"第二大脑"。动手不仅可以全面地开发大脑，还是感觉统合运动中很重要的一环。加强动手的训练（精细运动），延长注意力的持续时间，使孩子"静"下来。
家庭教育模式不当	1. 对孩子有求必应，宠溺过度。	培养了"自我中心，自私、不关心他人，严重的娇骄二气。追求奢华，没有责任心，不反思自己，自律自控差，注意涣散"的人。家长应尽快改变这种教育模式。
	2. 对孩子"大放手、给自由"，过度放任。	培养了"自我中心、骄横无理、不守规矩、胆大包天、无法无天、自律自控差、注意涣散，不担当、不易结交益友"的人。家长应尽快改变这种教育模式。
	3. 对孩子照顾、呵护过分。	培养了"胆小、怯懦、依赖、自律自控差、意志薄弱、没有责任心"的孩子。家长应尽快改变这种教育模式。
	4. 对孩子支配、指挥过度。	容易成长为"依赖、心理幼稚、不自信、无创造性、无理想、无作为"的人。家长应尽快改变这种教育模式。

表3　续表

原　因	具　体　表　现	纠　正　方　法
教育方法不当	教育方法以"督促、批评"为主。	容易成长为自卑、被动、自控自律差、不担当、不快乐的人。家长应努力学习"鼓励为主"的教育方法。
	教育方法以"说教"为主。	容易成长为只说不做、空头理论、自控自律差、不担当，把大人的话都当成耳旁风，很早就发生逆反情绪的人。
	经常对孩子进行"消极暗示"。	只能使孩子认可了自己的弱点，丧失前进的动力。家长应该鼓励孩子，采用"积极暗示"的方法，帮助他一起努力克服不良习惯，增强信心。
当孩子受挫后采用方法不当	讽刺、挖苦。	容易使孩子变为自暴自弃、待人尖酸刻薄、充满负能量、阴冷之人。家长应立即改变这种方法，学习采用鼓励为主的教育方法。
	唠叨、苦情。	容易使孩子变为内疚、负罪感、烦躁、自卑、自甘落后、无动力、很难有所作为的人。家长应立即改变这种方法，学习用鼓励为主的教育方法。
	打骂、饿饭。	容易使孩子变为冷峻、凶残、暴戾、无同情心、充满报复心之人。或者成为胆怯、卑下、猥琐、阿谀奉承之人。家长应立即停止这种方法，学习采用鼓励为主的教育方法。

　　（四）4号类型——学习能力较差：想办法帮孩子补齐功课，并培养良好的学习习惯。

　　（五）5号类型——有多动症行为症状：儿童多动症的形成与多种原因有关。应由医疗机构进行诊治。

四、确定改变孩子现状的努力方向

　　经过填表后，家长会发现自己的孩子在好几个方面都存在着问题，例如：他可能是"注意涣散"为主（2号类型），但也没有进行过注意力专项训练（1号类型），而自控力差也和家庭教育不当（3号类型）有关，只是轻重程度不同罢了。这个发现再正确不过了，因为"注意涣散"绝对是既有注意品质上的问题，也有非智力品质的问题，是多种因素造成的。

　　这时，家长就应该将几个方面的因素综合起来考虑，根据孩子在几个类型中的表现程度、形成原因、纠正方法，围绕着最严重的问题制定可行的治疗方案。

　　因为几乎所有注意涣散的孩子都会存在家庭教育不当的原因，所以在制定治疗方案时，最好是全体家长参加，大家一起讨论，客观冷静地挖掘问题出在哪里，找到原因后，全家

人包括孩子一起携手努力，为了孩子的未来尽快改变。

这儿有一点要提醒家长，在分析孩子的表现，寻找注意涣散原因时，请注意参照前面所介绍的孩子在不同年龄段的注意稳定时间表，根据孩子的年龄，找出与稳定性规律的差距。例如孩子只有七岁，注意稳定时间应该只有 20 分钟。但每节课的课时为 45 分钟，孩子会受不了。这样的情况，只能尽快用《30 天注意力提升》训练孩子，尽快地提高注意能力。

十年的实践证明《30 天注意力提升》确实可以直接提高视知觉和听知觉能力，也可以纠正注意涣散的不良习惯

此套教材使用后的效果如何，是否真的可以提高孩子的注意品质？

我进行儿童智力、能力的研究三十几年，已经积累出"壹嘉伊方程"的全部教材，并在陆续出版中。我们"壹嘉伊方程"教材的各个科目中都含有很多训练"注意力"的内容，凡是从"壹嘉伊"走出去的孩子，都保持着非常优秀的**定力＝注意品质**，这种品质为他们的远期学习甚至一生奠定了坚实的基础。

写作"30 天注意力提升"这套书，我的的做法是：先将"壹嘉伊方程"中的"注意力训练部分"提出来，又补充了许多新内容，将这些内容整合成听知觉训练和视知觉训练，并做了更细的分类，例如"视觉集中"、"听觉集中"、"视觉判断"、"听觉判断"、"视觉转移"、"听觉转移"、"视觉记忆"、"听觉记忆"等。然后，经过几期学生的试验、调整，证明效果十分明显。第三步才是出版，目的是想看看这套教材对于广大的家长、教师、孩子是否真有帮助。

2008 年《30 天注意力提升》（共四册）正式出版，到现在已经发行 10 个年头。

从发行 10 年中陆续得到的反馈情况看：

一是，确实有很多发现孩子注意不够好的家长非常重视，并积极投入对孩子的训练中，所以每个寒、暑假前，都会出现购书高潮。而从读者的反馈信息中，得知孩子经过一个假期（连续 30 天）的训练，开学后，不但注意力得到很大提高，而且学习成绩也明显上升，家长很满意。他们的感觉是：孩子的视知觉和听知觉能力提高了，观察力、记忆力、思维能力和学习效率也都有了明显的提高。更为可喜的是孩子的自信心、意志力也增强了，由厌学转为愿学、爱学，由被动学习转为主动学习。

二是，全国大量的"注意力培训班"采用这套教材进行训练；还有不少老师到我处进

行培训后开班提高学生的注意力，效果都很突出。

三是，很多医疗机构在进行"儿童多动症（注意短缺型）"的检测和治疗中，采用这套教材对孩子进行测试，并用它进行"多动症"的矫正治疗，效果明显。这点是我始料未及的，当然我也很高兴。

四是，有些省 2010 年以后出版的教材中也已经采用了此套教材中的某些内容，说明这套书的训练方法和题型是有价值的。

通过以上反馈的情况可以看出，《30 天注意力提升》用来培养提升学生的注意品质，或用来纠正注意涣散等不良习惯，收效的确明显。

因此。此套书适合每一个小学生（甚至初中生）用作提高自己的注意品质。

学前幼儿园大班的孩子，如果接受过一些学前教育（能识一些汉字，做简单加减法），也可以用此套书的第一册进行训练，以提升注意品质。具体操作时只要把本书中每天的内容分两次进行就可以了（详见"使用操作要点"）。

经过注意力提升培训的学前儿童在进入小学后，就能够很快顺利适应学校的教学活动。

期待每一位家长重视孩子注意品质的培养，并付诸实践，培养出**"定力＝注意力"**优秀的学生。

作者

2018 年 10 月

使用操作

本书可以用作培养、提升学生注意品质的教材。也可以用来纠正学生注意力涣散的不良习惯。

一、使用范围

本套书主要针对小学生（初中生也可以用）

本书很难定出哪一阶的书适用于哪个年级的学生，因为孩子的情况各不相同。只能做几种粗线条的描述。

❶ 一般情况下训练提升孩子的注意力品质

应该怎样做呢？孩子入小学后的第一个寒假，有了汉字、数字的基础知识，可以从第一阶开始训练；二年级的学生可随时从第一阶开始训练；三年级以上的学生可从第二第或三阶开始训练。

平时可安排在完成学校作业后，每天做书中的"1 日"训练，也可"1 日"分两次做，但一定要连续 30 次不中断，效果才显现。

如果是假期做，连续 30 天做一阶，注意力品质会有明显提升效果。

❷ 如果家长确实感到孩子的注意力出了问题需要纠正时

应该采用哪一阶呢？一般小学低年级学生，应该从第一阶开始进行训练；中年级学生可以从第二阶开始；高年级学生要视严重程度而定，可以从第三阶开始，也可从第二阶开始；初中生同样可以从第三阶开始。总之涣散程度越严重，就越要从程度低的那一阶开始训练、纠正。

❸ 学前孩子怎样训练注意力

家长如果很想提高学前孩子的注意品质，在采用此书时，也有禁忌或者限制：

● 小于五岁（含五岁）的幼儿不适合采用此教材。

● 学前班（或幼儿园大班）的孩子，如果已经认识一些汉字和数字，可以选每道题的一部分进行训练。

例如：

"数出几个指定数字的数目"，家长读 20 个数列，让孩子数有几个什么数。

"数出几个指定汉字的数目"，家长读短文让孩子数有几个什么汉字。

这种类型的题目，可以采用把数列减少、减短的方法；读文只读一半的方法来训练。

也可以依照书中训练视知觉、听知觉的方法另外找短的数列或文章进行。待熟练后可以逐渐加长。

遇到与算数有关或孩子还没有接触到的题目跳过即可。

看图的题都可以做。

二、操作要点

1 每一阶书包括两本：

训练册，为题目集。供学生做训练题用，并记录训练效果。

教材·答案册，主要含训练听知觉的教材；视、听答案；每日评估。供家长读题、检查对错及记录学生的训练状况，做对比等用。（"教材·答案册"后附有训练卡片）。

2 本书每日安排从视、听两方面进行训练（每日的二、四、六项为视知觉训练，三、五项为听知觉训练。），视、听交替进行，以提高视知觉、听知觉水平和避免疲劳。

3 每一阶书提供 30 天训练方案。其中：

● **净心训练**：静坐、放松、调节呼吸是为了做好训练前的准备，把身心调适到一个良好的状态。

● 视知觉训练中的

定点注视·注视一点不动可以激活视网膜的神经细胞，增强稳定视知觉影象的功能，很大程度地提高视知觉的集中能力。

视觉追踪能够加强眼睛、视觉神经和大脑相关部位的功能，能够拓宽视野，提高对事物的认知速度和捕捉能力，对于防止近视的发生也有一定的作用。

● **视知觉训练题**：可以提高视觉集中，视觉分辨，视觉宽度，视觉转移，视觉记忆，视动协调等能力。

● **听知觉训练题**：可以提高听觉集中，听觉分辨，听觉宽度，听觉理解，听觉记忆，听动协调等能力。

4 请学生认真完成每一阶提供的 30 天连续训练方案（30 天不要间断），每天训练 6 项内容，时间约为 1.5～2 小时。

如果不能保证每天 2 小时训练，可以将一天的训练内容分两次做：第一次做第 1、第 3、第 4 项，第二次作第 2、第 5、第 6 项，以使每次的内容都能够包含视知觉能力和听知觉能力的训练。

5 请家长全程陪同孩子训练当教练，除了读"听知觉"题，核对答案外，还要观察、

记录孩子每次的表现。发现进步及时肯定；如遇困难，一定不要责备或表示失望，要用孩子哪怕细微的进步来鼓励孩子坚持到底，不惧重做，直到取得最后胜利。

6 纠正注意力涣散，不可能一蹴而就，做完一阶训练后，可以再选择更高阶的训练，巩固效果。之后，还需要在一段较长时间内继续贯彻本书的思路，以稳定注意品质：

● 平时多静心，使学生常处于安静状态。少做浮躁、激动、疯玩的活动，例如：长时间打电游、长时间上网、长时间看电视等。

● 每天孩子做完作业后，做一些提升注意力的训练。例如：

1. 让孩子读（或倒读）一段文章，要求不漏字、不加字、不跳行，逐渐加长文章内容，逐渐做到加快速度且正确率高。

2. 让孩子数某段文章中某个汉字的数量，争取做到正确率越来越高。

3. 复述家长读的数列、句子或数其中的数或字的数量等。

● 每周末需要做一次坚持较长时间的活动（1～2小时以上），例如：练书法，下棋，画画，拼图，练坐功等。

7 训练过程中，建议有条件的家庭最好能够提供一个音乐氛围，即轻声播放轻柔、舒缓的无标题音乐，例如：外国古典音乐，民族音乐中的古筝、二胡、琵琶独奏等乐曲，或者大自然音乐等。这种做法有利于身心的放松和集中注意力，同时也开发了右脑。

8 本书可以作为注意力提升培训班的训练教材。

目　录

听觉训练教材及答案　视觉训练答案

第 1 日

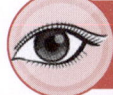 **第三项　听觉集中**　**数出几个指定数字的数目**

要求: 家长读数列,学生听并数出指定数字("1", "3", "5")各有几个。家长读数前先提醒学生要数哪个数,例如先数"1",请学生用心数数(不用笔记数)。然后一秒读一个数:141592653……待家长读完一遍数列后,让学生把共有几个"1"的数目写在训练报告表中。然后,家长再读第二遍数列,学生数下一个数字"3"……

读一遍数列,学生数一个数字,数 3 个数字要读 3 遍。

教材:

14159 26535 89793 23846 26433 83279 50288 41971 69399 37510
58209 74944 59230 78164 06286 20899 86280 34825 34211 70679

答案: "1"=8, "3"=11, "5"=8

第四项　注意力测试　**视觉测试**

要求:

1. 把全部做完 120 题的时间写在训练报告表中。

2. 家长把学生的"测试题答卷"对照下面的"测试题答案",找出错误的个数,并计算错误个数所占的百分比。再把结果写到训练报告表中。

测 试 题 答 案

题目	1K	1H	5X	C5	A7	O2	1V	3K	9Z	X9	W8	N12	2M	L5	Z19
答案	4	9	4	5	1	8	2	6	6	4	8	7	0	3	7
题目	B5	4H	L1	12Z	19H	5L	J7	C1	I18	8R	M20	13S	2N	4Q	P20
答案	1	7	2	1	9	3	2	8	1	9	4	8	5	5	6
题目	6G	3F	3R	14Y	2T	L17	18C	4D	3X	5Y	1Q	V13	13J	4B	5R
答案	4	9	9	4	5	3	3	6	8	4	4	4	9	6	3
题目	9S	G8	B2	5J	3W	4L	7Q	13K	Z11	5T	8R	17X	9D	1Y	I4
答案	9	9	4	4	4	5	2	4	8	1	9	3	9	4	4
题目	F33	T38	27P	22D	Z21	C16	31M	24W	35H	Y37	D33	28X	33T	29O	F39
答案	8	6	1	1	7	2	3	4	4	6	7	9	1	5	
题目	13B	G15	22X	28S	34Q	37N	9W	14J	28F	32D	37W	H34	K25	18B	I24
答案	6	4	9	3	5	8	5	4	5	9	0	9	5	3	0
题目	36X	31O	25C	23P	40H	36F	V39	4D	15K	30S	24Y	21J	H25	15X	33I
答案	9	7	9	8	8	9	6	2	7	4	5	1	9	5	
题目	24F	28W	36G	39Q	R31	T34	H37	X32	K27	33X	29F	27X	32H	D37	T18
答案	4	2	7	2	6	1	5	7	3	6	9	8	9	0	

第五项　注意力测试　听觉测试

要求：家长慢速而清晰地读第一句，学生听完后，重复背诵第一句，家长再读第二句，学生背诵……每句话家长只能读一次，直至学生出现错误为止。把正确重复的句子数写到训练报告表中。

教材：

1. 小华打电话。

2. 小华晚上打电话。

3. 小华晚上在家里打电话。

4. 小华晚上在家里用手机打电话。

5. 小华晚上在家里用爸爸的手机打电话。

6. 小华晚上在家里用爸爸的手机给奶奶打电话。

7. 小华晚上在家里用爸爸的手机给住院的奶奶打电话。

8. 小华晚上在家里用爸爸的手机给在北京住院的奶奶打电话。

9. 小华晚上在家里用爸爸的手机给在北京住院陪爷爷的奶奶打电话。

10. 小华晚上在家里用爸爸的手机给在北京住院陪爷爷治病的奶奶打电话。

11. 小华晚上在家里用爸爸的手机给在北京住院陪爷爷治病的奶奶打长途电话。

12. 小华晚上在家里用爸爸的手机给在北京住院陪爷爷治病的奶奶打长途慰问电话。

第 1 日评估

项　目	正确率 所占比例	效率 （高、中、低）	与前次相近题 比较（进、退）	情　绪
1. 静　坐				
2. 注视一点不动				
3. 数出几个指定数字的数目				
4. 视觉测试				
5. 听觉测试				

说明： 此评估是对学生每日训练情况的大体总结。"正确率所占比例"、"效率"、"与前次相近题比较"几项只能是大概估计，不可能有精确的数字表述。情绪一项一般也只能用饱满、稳定、愉悦、浮躁、急躁、不稳定、心不在焉、应付或厌倦等来表示。

第 2 日

 第三项　听觉集中　数出几个指定汉字的数目

要求： 家长读故事《家掉到水里去了》，学生数出指定汉字（"家"，"水"，"小"，"鸟"）各有几个，并将答案写到训练报告表中。

家长读故事前先提醒学生要数哪个字，例如先数"家"，请学生用心数数。然后较慢速读故事，待家长读完一遍故事后，让学生把共有几个"家"的数目写在训练报

告表中。然后，家长再读第二遍故事，学生数下一个数字"水"……

回答"简答"问题，家长要按照学生能力的实际情况，在读第一遍或第二遍后要求学生回答。可以口头回答，也可以笔答。家长引导学生用简短的话回答提问，以便训练学生的概括能力。

家长读一遍故事，学生数一个汉字，数 4 个汉字要读 4 遍。

注意：标题中的字也在计算之列。

教材：

家掉到水里去了

小公鸡清早起来，走到池塘边往水里一看，大吃一惊：小鸟家的屋子怎么掉到水里去了？

小公鸡赶紧跑到小猫家："不得了，小鸟的家掉到水里去了。"

小猫赶紧跑到小狗家："不得了，小鸟的家掉到水里去了。"

小狗赶紧跑到小鸭家："不得了，小鸟的家掉到水里去了。"

小鸭赶忙跳进池塘，要去救小鸟。池塘的水面被它弄皱了："咦，水里哪有小鸟的家呀！"

"啾，啾，啾。"池塘边的树上响起了小鸟的叫声。小鸭抬头一看："噢，原来是这样！"

小公鸡、小猫、小狗也一齐说："噢，原来小鸟的家还是在树上。"

简单回答问题：

1 题．小鸟的家在哪里？

2 题．都有哪几个动物参加了这个救小鸟的活动？

答案："家"=10，"水"=8，"小"=20，"鸟"=8

简答答案：1 题．小鸟的家在树上。

2 题．小公鸡、小猫、小狗、小鸭参加了救援活动。

第四项　视觉分辨　　找出横线两边不同的数字

要求：请学生在横线右边找出与横线左边对应数列中不同的数字并划出来。

答案：

32—32	81—71
18—16	69—69
23—27	84—44
95—93	58—38
68—68	60—90

图1

67—76	07—09
39—38	58—58
89—89	57—43
24—57	96—96
50—05	33—88

图2

第五项　听觉记忆　　听记数列

要求： 家长读数列，学生听完一组数列后在训练报告表中写出一组；然后，再听第二组，再写第二组。不能边听边记。

教材：

1题．4875　3026　1780　2648　3901　4017　5683　9207

2题．83516　46029　73051　03845　30724　51620

3题．603872　410394　731405　210758

第六项　视觉转移　　算数加法计算

要求： 请学生按题目要求做加法计算。

答案：

1题

3	5	8	3	1	4	5	9	4	3	7	0	7	7	4	1	5	6	1	7
8	5	3	8	1	9	0	9	9	8	7	5	2	7	9	6	5	1	6	7
3	0	3	3	6	9	5	4	9	3	2	5	7	2	9	1	0	1	1	2
3	5	8	3																

循环数的个数：60

2 题

2	7	9	6	5	1	6	7	3	0	3	3	6	9	5	4	9	3	2	5
7	2	9	1	0	1	1	2	3	5	8	3	1	4	5	9	4	3	7	0
7	7	4	1	5	6	1	7	8	5	3	8	1	9	0	9	9	8	7	5
2	7	9	6																

循环数的个数：60

第 2 日评估

项　目	正确率 所占比例	效率 （高、中、低）	与前次相近题 比较（进、退）	情　绪
1. 静　坐				
2. 扫视直线				
3. 数出几个指定汉字的数目				
4. 找出横线两边不同的数字				
5. 听记数列				
6. 算数加法计算				

第 3 日

第三项　听觉集中　　数出几个指定数字的数目

要求： 家长读数列，学生数出指定数字（"2"，"4"，"6"）各有几个，并将答案写到训练报告表中。读数列的要求请参见第 1 日第三项。

教材：

14159　26535　89793　23846　26433　83279　50288　41971　69399　37510
58209　74944　59230　78164　06286　20899　86280　34825　34211　70679

答案："2"=12，"4"=10，"6"=9

第四项　视觉分辨　数叠加图形中相同图形的数目

要求：请学生在图中数出相同图形的数目。注意：数的时候，要一行一行自上而下，或一列一列从左至右地数，才不会数丢或重复数。并将各种图形的数目写在图下面的空格中。

答案：图1：| ○ | 5 | □ | 7 | ◁ | 5 |　　图2：| ○ | 7 | ⬭ | 6 | ⌓ | 8 |

第五项　听觉分辨　找出两句话中不同的词组

要求：家长读几题很相近的两句话，学生找出两句话中不同的一对词组。家长先把某题的两个句子读完，再读两遍，每题共读三遍。

教材：

1题．●今天是爷爷的生日。

　　　●今天是奶奶的生日。

2题．●小明的算术得了满分。

　　　●小明的语文得了满分。

3题．●姨妈的裙子真漂亮。

　　　●姨妈的毛衣真漂亮。

4题．●我买了三个冰淇淋。

　　　●我买了四盒冰淇淋。

5题．●早晨，我吃馒头和牛奶。

　　　●早晨，我吃面包和牛奶。

答案：1题．爷爷—奶奶；

　　　2题．算术—语文；

　　　3题．裙子—毛衣；

　　　4题．三个—四盒；

　　　5题．馒头—面包。

 **第六项　视觉转移**　　算数减法计算

要求：按题目要求做减法计算。

答案：

1 题

5	2	3	9	4	5	9	6	3	3	0	3	7	6	1	5	6	9	7	2
5	7	8	9	9	0	9	1	8	3	5	8	7	1	6	5	1	4	7	7
0	7	3	4	9	5	4	1	3	8	5	3	2	1	1	0	1	9	2	7
5	2	3	9																

循环数的个数：60

2 题

5	1	4	7	7	0	7	3	4	9	5	4	1	3	8	5	3	2	1	1
0	1	9	2	7	5	2	3	9	4	5	9	6	3	3	0	3	7	6	1
5	6	9	7	2	5	7	8	9	9	0	9	1	8	3	5	8	7	1	6
5	1	4	7																

循环数的个数：60

第 3 日评估

项　目	正确率所占比例	效率（高、中、低）	与前次相近题比较（进、退）	情　绪
1. 静　坐				
2. 扫视直线				
3. 数出几个指定数字的数目				
4. 数叠加图形中相同图形的数目				
5. 找出两句话中不同的词组				
6. 算数减法计算				

第 **4** 日

第三项　听觉集中　　数出几个指定汉字的数目

要求：家长读故事《小老鼠偷米》，学生数出指定汉字（"粒"，"跳"，"小"，"米"）各有几个，并回答"简答"提问。将答案写到训练报告表中。读故事的要求请参见第 2 日第三项。

教材：

小老鼠偷米

夜里，小老鼠出来偷米吃。它在柜子里找到一个小袋子，袋子上有字，小老鼠不认识。它咬破袋子一看，里面全是黄色的小粒粒。

"这一定是比大米还好吃的米。"小老鼠就吃了一粒。很甜，真好吃。小老鼠把一袋子小粒粒全吃光了。

"不好，这种米怎么会跳？"原来小老鼠吃的是跳跳豆。跳跳豆在小老鼠肚子里跳呀、跳呀……小老鼠也跳呀、跳呀……一直跳进了家门口。

简单回答问题：

1 题．小老鼠什么时候出来偷米吃？

2 题．它在哪里找到的袋子？

3 题．袋子里是什么？

4 题．小老鼠吃了小粒粒后，怎样了？

5 题．小老鼠最后跳到了哪里？

答案："粒" =5，"跳" =10，"小" =11，"米" =5

简答答案： 1 题．夜里。

2 题．柜子里。

3 题．跳跳豆。

4 题．跳。

5 题．家里。

第四项　视觉分辨　　找出与标准图相同的图

要求：请学生寻找与左面标准图相同的图，并在选中的图上做出标记。

答案：

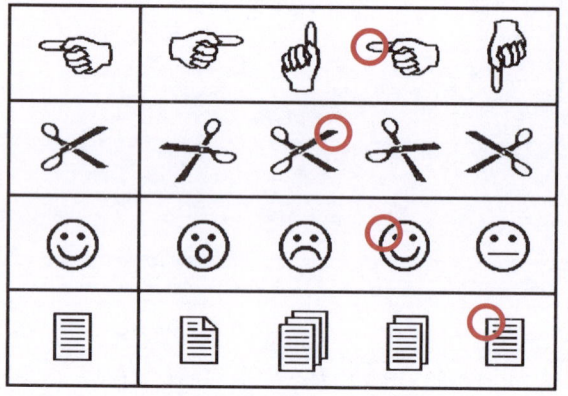

图1

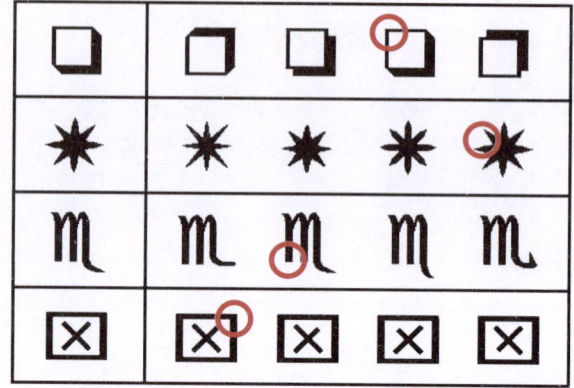

图2

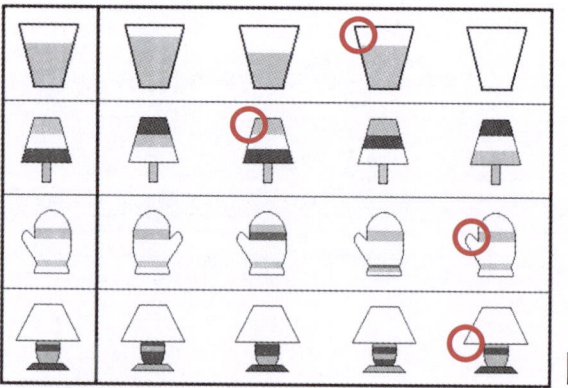

图3

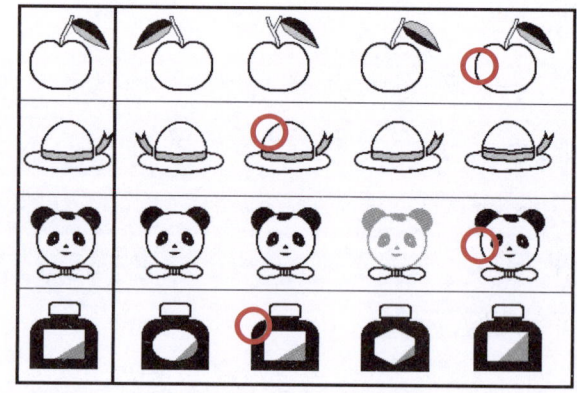

图4

第五项　听觉集中　　记录数列中按数序排列缺失的数字

要求：家长读一个数列，学生认真听，可以边听边将数列中按数序排列缺失的数字写在训练报告表中。

教材：

1题. 1、2、4、5、7、8、10

2题. 4、5、6、8、10、12、13

3题. 13、14、16、17、18、20、22

4题. 10、9、7、6、4、3、1

答案：1题. 3　6　9　　　　2题. 7　9　11

3题. 15　19　21　　　4题. 8　5　2

第六项　视觉转移　算数加法计算

要求：按题目要求做加法计算。

答案：

1题

6	9	5	4	9	3	2	5	7	2	9	1	0	1	1	2	3	5	8	3
1	4	5	9	4	3	7	0	7	7	4	1	5	6	1	7	8	5	3	8
1	9	0	9	9	8	7	5	2	7	9	6	5	1	6	7	3	0	3	3
6	9	5	4																

循环数的个数：60

2题

5	9	4	3	7	0	7	7	4	1	5	6	1	7	8	5	3	8	1	9
0	9	9	8	7	5	2	7	9	6	5	1	6	7	3	0	3	3	6	9
5	4	9	3	2	5	7	2	9	1	0	1	1	2	3	5	8	3	1	4
5	9	4	3																

循环数的个数：60

第4日评估

项　目	正确率 所占比例	效率 （高、中、低）	与前次相近题 比较（进、退）	情　绪
1. 静　坐				
2. 扫视直线				
3. 数出几个指定汉字的数目				
4. 找出与标准图相同的图				
5. 记录数列中按数序排列缺失的数字				
6. 算数加法计算				

第**5**日

第三项　听觉集中　　数出几个指定数字的数目

要求：家长读数列，学生数出指定数字（"7"，"8"，"9"，"0"）各有几个，并将答案写在训练报告表中。读数列的要求请参见第 1 日第三项。

教材：

14159　26535　89793　23846　26433　83279　50288　41971　69399　37510
58209　74944　59230　78164　06286　20899　86280　34825　34211　70679

答案： "7" =8， "8" =12， "9" =14， "0" =8

第四项　视觉分辨　　找出数序表中缺失的数字

要求：请学生表 1 按正数序 1～16，表 2 按倒数序 16～1 寻找数序表中缺失的数字，并把缺数写在表下面的空格中。

答案： 表1：

3	5	12	15

表2：

16	14	7	1

第五项　听觉分辨　　找出三句话中相同的词组

要求：听家长读五题中三句不同内容的话，学生找出每题三句话中相同的一个词组。家长先把某题的三个句子读完，再读两遍。每一题读三遍。

教材：

1 题. ●公园里的花五颜六色，漂亮极了！

　　　●妈妈给奶奶买了一件漂亮的毛衣。

　　　●孔雀把它漂亮的羽毛展开了。

2 题. ●芳芳的脸蛋红得像苹果一样。

　　　●秋天，苹果成熟了，一个个都是又圆又大的。

●爷爷买了很多苹果回来。

3题. ●表哥是个很阳光的男孩儿。

●今早打开窗帘一看，外面阳光灿烂。

●昨天晚上看了电影"阳光下的阴谋"。

4题. ●奶奶说我像一匹野马，总不着家。

●龙卷风像一匹脱缰的野马，肆虐地吹着。

●非洲的自然保护区里有许多野马。

5题. ●叔叔很幽默，他一回家，我们都觉得特别开心。

●看电视小品竞赛时，爷爷、奶奶笑得好开心。

●一开门，就看见了小明开心的笑脸。

答案：1题. 漂亮。2题. 苹果。3题. 阳光。4题. 野马。5题. 开心。

第六项　视觉转移　　算数减法计算

要求：按题目要求做减法计算。

答案：

1题

5	3	2	1	1	0	1	9	2	7	5	2	3	9	4	5	9	6	3	3
0	3	7	6	1	5	6	9	7	2	5	7	8	9	9	0	9	1	8	3
5	8	7	1	6	5	1	4	7	7	0	3	4	9	5	4	1	3	8	
5	3	2	1																

循环数的个数：60

2题

5	4	1	3	8	5	3	2	1	1	0	1	9	2	7	5	2	3	9	4
5	9	6	3	3	0	3	7	6	1	5	6	9	7	2	5	7	8	9	9
0	9	1	8	3	5	8	7	1	6	5	1	4	7	7	0	7	3	4	9
5	4	1	3																

循环数的个数：60

第 5 日评估

项　目	正确率 所占比例	效率 （高、中、低）	与前次相近题 比较（进、退）	情　绪
1. 静　坐				
2. 扫视折线				
3. 数出几个指定数字的数目				
4. 找出数序表中缺失的数字				
5. 找出三句话中相同的词组				
6. 算数减法计算				

第 6 日

第三项　听觉集中　　数出几个指定汉字的数目

要求：家长读故事《木马摇了》，学生数出指定汉字（"豆"，"马"，"小"，"吃"）各有几个，并回答"简答"提问。将答案写到训练报告表中。读故事的要求请参见第 2 日第三项。

教材：

木马摇了

小豆豆坐在木马上，用力摇呀摇，可是木马怎么也不动。

小豆豆想：木马饿了吧！就从口袋里拿出饼干给木马吃。木马不吃。

小豆豆想：木马不吃饼干，它大概爱吃黄豆，就去拿黄豆给木马吃。木马不吃。

小豆豆想：木马渴了吧！就拿来自己的水给木马喝。木马不喝。

"咦！木马怎么啦？是不是生病了。"小豆豆摸摸木马的头，看看木马的眼睛，又拍拍木马的肚子，最后蹲下来看木马的腿。

哦！原来木马的脚底下有块小石头。小豆豆把小石头拣起来扔到一边。

小豆豆又骑上了木马，他轻轻一用力，木马就摇了起来。豆豆心里可高兴啦！

简单回答问题：

1 题．小豆豆骑的木马动吗？

2 题．小豆豆第一次给木马吃什么东西？

3 题．小豆豆第二次给木马吃什么东西？

4 题．小豆豆给木马喝什么东西？

5 题．后来找到了什么东西，才找到木马不动的原因。

答案：“豆”=18，“马”=20，“小”=9，“吃”=6

简答答案：1 题．不动。　2 题．饼干。　3 题．黄豆。

4 题．水。　5 题．小石头。

第四项　视觉分辨　数相同图形的数目

要求：请学生在图中数出相同图形的数目。

答案：

6	9	8	7

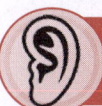

第五项　听觉记忆　倒述三字短句

要求：家长读一个三个字的短句，学生把这个短句倒过来复述。例如：把“我读书”说成“书读我”。

教材：

我吃饭　小白兔　上学去　好朋友　米老鼠　皮卡丘　机器猫　星期天

好运气　大晴天　唐老鸭　做好梦　买西瓜　麦当劳　班干部　大学生

小不点　下大雪　洗衣机　电视机

答案：

饭吃我　　兔白小　　去学上　　友朋好　　鼠老米　　丘卡皮　　猫器机　　天期星

气运好　　天晴大　　鸭老唐　　梦好做　　瓜西买　　劳当麦　　部干班　　生学大

点不小　　雪大下　　机衣洗　　机视电

第 6 日评估

项　目	正确率 所占比例	效率 （高、中、低）	与前次相近题 比较（进、退）	情　绪
1. 静　坐				
2. 扫视折线				
3. 数出几个指定汉字的数目				
4. 数相同图形的数目				
5. 倒述三字短句				
6. 口手配合				

第 **7** 日

第三项　听觉集中　　数出几个指定数字的数目

要求：家长读数列，学生数出指定数字（"0"，"1"，"2"，"3"）各有几个，并将答案写在训练报告表中。读数列的要求请参见第 1 日第三项。

教材：

82148　08651　32823　06647　09384　46095　50582　23172　53594　98128

48111　74502　84102　76193　85211　05559　64462　29489　54930　38196

答案："0" =9，　"1" =12，　"2" =12，　"3" =8

 **第四项　视觉分辨** **找出横线两边不同的数字**

要求：请学生将横线右边与横线左边对应数列中不同的数字划出来。

答案：

555—5**7**5	209—2**97**
323—**232**	359—359
747—7**7**4	606—0**66**
613—613	492—**924**
397—3**8**7	861—8**9**1
571—5**17**	688—**88**6

图1

742—74**3**	596—5**8**6
272—**3**72	708—708
535—5**8**5	690—6**0**9
135—**531**	846—8**64**
438—**843**	565—565
200—**02**0	101—1**10**

图2

 **第五项　听觉转移** **按词组的分类画符号**

要求：家长按顺序读40个词组，当学生听到词组属于"水果"类时，就在相应的格子内画符号"√"。例如：读到第1个是"苹果"，就应该在第1个格子内画"√"。如果画到第2格内，就是错误的。

教材：

苹果	白菜	香蕉	蛋糕	草莓	橘子	西红柿	萝卜	土豆	红辣椒
西瓜	南瓜	冬瓜	薯条	菠萝	果冻	洋白菜	饼干	豆角	圆茄子
黄瓜	油条	烧饼	荔枝	苦瓜	面包	胡萝卜	李子	包子	口香糖
樱桃	龙眼	菠菜	奶糖	芒果	梨子	汉堡包	葡萄	油菜	巧克力

答案：

√1	2	√3	4	√5	√6	7	8	9	10
√11	12	13	14	√15	16	17	18	19	20
21	22	23	√24	25	26	27	√28	29	30
√31	√32	33	34	√35	√36	37	√38	39	40

第 7 日评估

项　目	正确率 所占比例	效率 （高、中、低）	与前次相近题 比较（进、退）	情　绪
1. 静　坐				
2. 扫视折线				
3. 数出几个指定数字的数目				
4. 找出横线两边不同的数字				
5. 按词组的分类画符号				
6. 读数字				

第 **8** 日

第三项　听觉集中　数出几个指定汉字的数目

要求：家长读故事《十个手指》，学生数出指定汉字（"指"，"手"，"一"，"不"）各有几个，并回答"简答"提问。将答案写到训练报告表中。读故事的要求请参见第 2 日第三项。

教材：

十个手指

一只手有五个手指：大拇指、食指、中指、无名指，还有小指。左手和右手加起来，一共有十个手指。大家在一起很快乐，做什么事都是你帮我，我帮他，做得都很好。

有一天，大拇指生了气，它大声对食指、中指、无名指和小指说："你们不要再来找我，做事不要找我。玩，也不要找我。"大家看大拇指生了这么大的气，也不敢找它。

到了吃饭时，它还在生气。不好了，大拇指不和大家一起做事，就什么东西也拿不到手上。吃不到东西，大家只好饿肚子了。

简单回答问题：

1 题．一双手有几个手指？

2 题．五个手指都叫什么名字？

3 题．他们在一起，是怎样做事情的？

4 题．大拇指生气，还让大家找他吗？

5 题．吃饭时，吃得到东西吗？

答案："指"=15，"手"=7，"一"=5，"不"=5

简答答案：1 题．10 个。

　　　　2 题．大拇指、食指、中指、无名指和小指。

　　　　3 题．你帮我，我帮他，一起做事。

　　　　4 题．不让。

　　　　5 题．吃不到。

 **第四项　视觉分辨**　　数叠加图形中相同图形的数目

要求：请学生在图中数出相同图形的数目。

答案：

图1：○ 9　□ 8　▭ 4　◹ 6　　图2：◖ 7　▱ 4　◺ 4　◇ 8　♡ 5

第五项　听觉记忆　　听记数列

要求：家长读数列，学生听完一组数列后在训练报告表中写一组；然后，再听第二组，再写第二组。不能边听边记。

教材：

1 题．90807　38496　19375　86427　75310　40869　58024　29804

2 题．480629　186420　079573　205931　503107　297016

3 题．3864709　2570315　8209524　7312084

 **第六项　视觉理解**　　组字成句

要求：请学生把几个排列混乱的汉字组成一句符合逻辑的通顺的句子。

答案：

1 题. 我爱学生字。	2 题. 今天下大雨。	3 题. 八个小朋友。
4 题. 冬瓜很好吃。	5 题. 小宝是好人。	6 题. 老鼠会打洞。
7 题. 白云在天上。	8 题. 夏天去游泳。	9 题. 我看见红花。
10 题. 他去幼儿园。	11 题. 好大的月亮。	12 题. 春天开桃花。
13 题. 红花和绿叶。	14 题. 西瓜是水果。	15 题. 鼻子下有口。
16 题. 六一儿童节。	17 题. 我是小学生。	18 题. 猴子爱爬树。
19 题. 大家爱唱歌。	20 题. 大象鼻子长。	

第 8 日评估

项　目	正确率 所占比例	效率 （高、中、低）	与前次相近题 比较（进、退）	情　绪
1. 静　坐				
2. 扫视折线				
3. 数出几个指定汉字的数目				
4. 数叠加图形中相同图形的数目				
5. 听记数列				
6. 组字成句				

第 9 日

 **第三项　听觉集中**　　**数出几个指定数字的数目**

要求：家长读数列，学生数出指定数字（"6"，"7"，"8"，"9"）各有几个，并将答案写到训练报告表中。读数列的要求请参见第 1 日第三项。

教材：

82148　08651　32823　06647　09384　46095　50582　23172　53594　98128
48111　74502　84102　76193　85211　05559　64462　29489　54930　38196

答案："6"=8，"7"=4，"8"=13，"9"=10

 **第四项　视觉分辨** 找出与标准图相同的图

要求：请学生寻找与左面标准图相同的图，并在选中的图上做出标记。

答案：

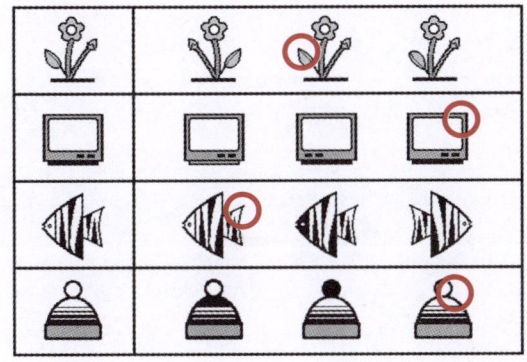

图1

图2

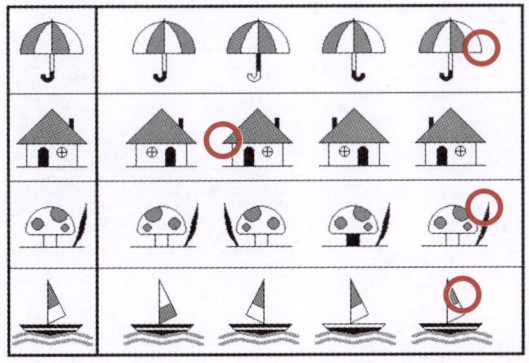

图3

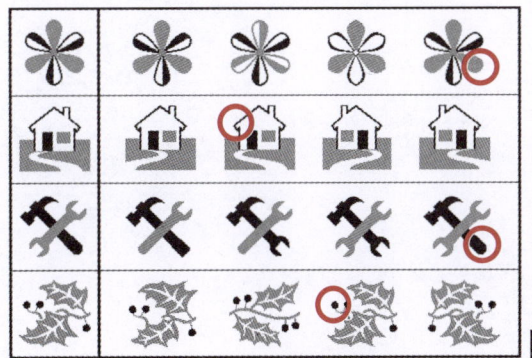

图4

 **第五项　听觉分辨** 找出两句话中不同的词组

要求：家长读五题很相近的两句话，学生找出每两句话中不同的一对词组。读题要求请参照第3日第五项。

教材：

1 题. ●叔叔骑自行车去了北京。

　　　●叔叔骑摩托车去了北京。

2 题. ●长沙的夏天很热。

　　　●长沙的夏季很热。

3 题. ●冬天的气温很低。

　　　●冬天的温度很低。

4 题. ●我们星期三考完试。

　　　●我们礼拜三考完试。

5 题. ●元旦那天，我们玩得很快乐。

　　　●元旦那天，我们玩得很开心。

答案： 1 题. 自行车—摩托车。

　　　　2 题. 夏天—夏季。

　　　　3 题. 气温—温度。

　　　　4 题. 星期—礼拜。

　　　　5 题. 快乐—开心。

第 9 日评估

项　目	正确率 所占比例	效率 （高、中、低）	与前次相近题 比较（进、退）	情　绪
1. 静　坐				
2. 扫视折线				
3. 数出几个指定数字的数目				
4. 找出与标准图相同的图				
5. 找出两句话中不同的词组				
6. 读倒写的故事				

第 10 日

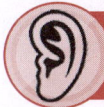

第三项　听觉集中　　数出几个指定汉字的数目

要求：家长读故事《小蜗牛》，学生数出指定汉字（"爬"，"妈"，"牛"，"了"）各有几个，并回答"简答"提问。将答案写到训练报告表中。读故事的要求请参见第 2 日第三项。

教材：

小蜗牛

春天的时候，蜗牛妈妈对小蜗牛说："到小树林去玩玩吧，树叶发芽了！"

小蜗牛爬得很慢很慢，好久才爬回来，它对妈妈说："树林里的小树长满了叶子，地上还长了许多草莓呢！"

蜗牛妈妈说："哦，已经是夏天了！快去采几颗草莓回来吧。"

小蜗牛爬呀、爬呀，好久才爬回来。"妈妈，草莓没有了。地上长着蘑菇，还有好多黄色的树叶。"

"哦，已经是秋天了，那你快去采几只蘑菇回来吧！"

等到小蜗牛爬回来的时候，它对妈妈说："蘑菇没有了，树叶全掉了，地上盖着雪。"

"哦，已经是冬天了。那你就躲在家里过冬吧！"蜗牛妈妈说。

简单回答问题：

1 题．小蜗牛第一次回来时，说它看见了什么？

2 题．小蜗牛第二次回来时，说它看见了什么？

3 题．小蜗牛第三次回来时，说它看见了什么？

4 题．妈妈让小蜗牛在哪里过冬？

答案："爬"=6，"妈"=12，"牛"=8，"了"=9

简答答案：1 题．草莓。　2 题．蘑菇和树叶。
　　　　　3 题．雪。　　4 题．家里。

 **第四项　视觉分辨**　　**找出数序表中缺失的数字**

要求：请学生表1按正数序1～16，表2按倒数序16～1寻找数序表中缺失的数字，并把缺数写在表空格中。

答案：表1：

3	7	9	13

表2：

14	12	10	1

第五项　听觉集中　　**记录数列中按数序排列缺失的数字**

要求：家长读一个数列，学生认真听，可以边听边将数列中按数序排列缺失的数字写在训练报告表中。

教材：

1题. 1、2、3、5、6、7、8、10、11、12、14、15、16

2题. 13、14、15、16、17、18、20、22、23、24、25、27、28

3题. 21、22、23、24、26、27、28、29、32、33、34、35、36

4题. 20、18、17、16、15、14、13、12、11、8、7、6、5

答案：1题. 4　9　13　　　　2题. 19　21　26

　　　3题. 25　30　31　　　　4题. 19　10　9

第10日评估

项　目	正确率 所占比例	效率 （高、中、低）	与前次相近题 比较（进、退）	情　绪
1. 静　坐				
2. 扫视折线				
3. 数出几个指定汉字的数目				
4. 找出数序表中缺失的数字				
5. 记录数列中按数序排列缺失的数字				
6. 读数字				

第 11 日

第三项 听觉集中　　数出几个指定数字的数目

要求：家长读数列，学生数出指定数字（"0"，"2"，"4"，"6"）各有几个，并将答案写到训练报告表中。读数列的要求请参见第 1 日第三项。

教材：

44288　10975　66593　34461　28475　64823　37867　83165　27120　19091
45648　56692　34603　48610　45432　66482　13393　60726　02491　41273

答案："0" =7，"2" =11，"4" =15，"6" =15

第四项 视觉分辨　　数相同图形的数目

要求：请学生在图中数出相同图形的数目。

答案：

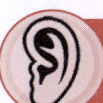

😐	🌙	😊	☹
6	9	8	7

第五项 听觉分辨　　找出三句话中相同的词组

要求：家长读五题中三句不同内容的话，学生找出每三句话中相同的一个词组。读题的要求请参见第 5 日第五项。

教材：

1题. ●教室里安静极了。

　　　●对门住的小宝这一段突然变得安静起来。

　　　●医院大厅的墙上挂着个大牌子，上面写着："安静"两个大字。

2 题． ●调皮的小猴子爬到树上，向游人丢小石子。

　　　　●隔壁的小弟弟调皮又可爱。

　　　　●别看爷爷六十多岁了，有时还会像小孩子那样调皮。

3 题． ●世界杯比赛的一个月里，球迷们的心一天到晚都在翻腾着。

　　　　●妈妈生气地说："你翻腾什么，还不好好睡觉！"

　　　　●奶奶买东西回来，小狗就用爪子在她的袋子里翻腾。

4 题． ●爸爸在吃饭时都是心不在焉的，妈妈说他在琢磨他的研究课题。

　　　　●姨妈来找外婆商量一件事，外婆说："等我琢磨琢磨吧！"

　　　　●张含今天上课没来，我琢磨他可能是感冒了。

5 题． ●妈妈买了"中华牙膏"，我们大家用它刷了一次，就觉得牙齿果然
　　　　洁净了许多。

　　　　●"你们看看童杰的作业，多么洁净。大家要多向他学习。"老师说。

　　　　●大雨过后，空气洁净了许多，使人的感觉那么舒畅。

答案：1 题．安静。　　2 题．调皮。　　3 题．翻腾。
　　　　4 题．琢磨。　　5 题．洁净。

第六项　视觉理解　组字成句

要求： 请学生把几个排列混乱的汉字组成一句符合逻辑的通顺的句子。

答案：

1 题．她得了小红花。　　2 题．今天我真高兴。　　3 题．白云在天上飞。

4 题．我想去北京玩。　　5 题．他有一个宝贝。　　6 题．小猴子打秋千。

7 题．三个人六只手。　　8 题．小熊猫吃竹子。　　9 题．天上有一只鸟。

10 题．红色的文具盒。　　11 题．小鱼在水中游。　　12 题．明天会下大雪。

13 题．小花狗跑上山。　　14 题．我的书真好看。　　15 题．小红是好孩子。

16 题．今天是星期天。　　17 题．十一是国庆节。　　18 题．冬天天气真冷。

第 11 日评估

项　目	正确率 所占比例	效率 （高、中、低）	与前次相近题 比较（进、退）	情　绪
1. 静　坐				
2. 扫视折线				
3. 数出几个指定数字的数目				
4. 数相同图形的数目				
5. 找出三句话中相同的词组				
6. 组字成句				

第 12 日

第三项　听觉集中　数出几个指定汉字的数目

要求： 家长读故事《唱歌比赛》，学生数出指定汉字（"小"，"白"，"唱"，"说"）各有几个，并回答"简答"提问。将答案写到训练报告表中。读故事的要求请参见第 2 日第三项。

教材：

唱歌比赛

有一天，小鸡、小鸭、小狗、小羊和小猫举行唱歌比赛。他们请小白兔做评判员。

小鸡第一个唱："叽叽叽，叽叽叽。"小白兔说："小鸡唱得太轻了。"

鸭子接着唱："呷呷呷，呷呷呷。"小白兔说："鸭子唱得太响了。"

小狗说："我来唱。"它很快地跑到前面，唱："汪汪汪，汪汪汪。"小白兔说："小狗唱得太快了。"

小羊说："我来唱。"它慢慢吞吞地走走到前面："咩——咩——咩。"小白兔说："小羊唱得太慢了。"

最后，轮到小猫唱。小猫不慌不忙地走到前面唱起来："喵喵喵。"小白兔说："小猫唱得不快也不慢，声音不小也不大，好听极了。小猫应该得第一名。"

简单回答问题：

1 题．有哪些小动物举行唱歌比赛？

2 题．小鸡唱的是什么，唱得怎么样？

3 题．小鸭唱的是什么，唱得怎么样？

4 题．小狗唱的是什么，唱得怎么样？

5 题．小羊唱的是什么，唱得怎么样？

6 题．小猫唱的是什么，唱得怎么样？

答案："小"=22，"白"=6，"唱"=14，"说"=7

简答答案：1 题．小鸡、小鸭、小狗、小羊和小猫；

2 题．"叽叽叽，叽叽叽。"唱得太轻了。

3 题．"呷呷呷，呷呷呷。"唱得太响了。

4 题．"汪汪汪，汪汪汪。"唱得太快了。

5 题．"咩——咩——咩。"唱得太慢了。

6 题．"喵喵喵。"得了第一名。

 **第四项　视觉分辨** 　找出横线两边不同的数字

要求：请学生将横线右边与横线左边对应数列中不同的数字划出来。

答案：

4862—4762	5934—9345
2597—2579	8193—8193
3103—3103	5806—5608
2056—2065	9318—9316
3671—6371	7005—7055
9864—9884	3749—3749
2974—2074	5981—5891

图 1

5481—5814	9657—9657
2906—2908	4753—4573
8092—8209	1753—1953
2693—2693	3080—3060
5192—5219	6493—6439
8345—6345	7108—8017
9191—9191	3815—3185

图 2

 第五项　听觉记忆　　**倒述四字短句**

要求：家长读一个四个字的短句，学生把这个短句倒过来复述。

教材：

出租汽车　家用电器　交通工具　野生动物　原始森林　海洋生物　空气污染

大好河山　祝你好运　心想事成　寿比南山　一路平安　家庭作业　目不转睛

答案：

车汽租出　器电用家　具工通交　物动生野　林森始原　物生洋海　染污气空

山河好大　运好你祝　成事想心　山南比寿　安平路一　业作庭家　睛转不目

第 12 日评估

项　目	正确率 所占比例	效率 （高、中、低）	与前次相近题 比较（进、退）	情　绪
1. 静　坐				
2. 扫视折线				
3. 数出几个指定汉字的数目				
4. 找出横线两边不同的数字				
5. 倒述四字短句				
6. 读倒写的故事				

第 **13** 日

 **第三项　听觉集中**　　**数出几个指定数字的数目**

要求：家长读数列，学生数出指定数字（"1"，"3"，"5"，"8"）各有几个，并将答案写到训练报告表中。读数列的要求请参见第 1 日第三项。

教材：

44288　10975　66593　34461　28475　64823　37867　83165　27120　19091

45648　56692　34603　48610　45432　66482　13393　60726　02491　41273

答案：　"1" =10，　"3" =12，　"5" =7，　"8" =9

第四项　视觉分辨　数叠加图形中相同图形的数目

要求：请学生在图中数出相同图形的数目。

答案：

图1：| ○ | 5 | □ | 10 | ▭ | 8 | ◇ | 7 |

图2：| ⌢ | 5 | △ | 9 | ⬭ | 5 | ◇ | 5 | ▽ | 4 | ▱ | 4 |

第五项　听觉转移　按词组的分类画符号

要求：家长按顺序读 40 个词组，当学生听到词组属于"蔬菜"类时，就在相应的格子内画符号"√"。

教材：

苹果	白菜	香蕉	蛋糕	草莓	橘子	西红柿	萝卜	土豆	红辣椒
西瓜	南瓜	冬瓜	薯条	菠萝	果冻	洋白菜	饼干	豆角	圆茄子
黄瓜	油条	烧饼	荔枝	苦瓜	面包	胡萝卜	李子	包子	口香糖
樱桃	龙眼	菠菜	奶糖	芒果	梨子	汉堡包	葡萄	油菜	巧克力

答案：

1	√2	3	4	5	6	√7	√8	√9	√10
11	√12	√13	14	15	16	√17	18	√19	√20
√21	22	23	24	√25	26	√27	28	29	30
31	32	√33	34	35	36	37	38	√39	40

第 13 日评估

项　目	正确率 所占比例	效率 （高、中、低）	与前次相近题 比较（进、退）	情　绪
1. 静　坐				
2. 注视一点不动				
3. 数出几个指定数字的数目				
4. 数叠加图形中相同图形的数目				
5. 按词组的分类画符号				
6. 口手配合				

第 **14** 日

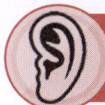

第三项　听觉集中　　数出几个指定汉字的数目

要求：家长读故事《会狗语的老鼠》，学生数出指定汉字（"声"，"老"，"鼠"，"的"）各有几个，并回答"简答"提问。将答案写到训练报告表中。读故事的要求请参见第 2 日第三项。

教材：

会狗语的老鼠

一天晚上，老鼠妈妈带着小老鼠出去寻食，在一个垃圾桶里发现了很多剩余的饭菜。正当大家吃得津津有味时，突然传来令它们极其恐惧的猫叫声。

老鼠们四处奔逃，但老花猫穷追不舍，终于有两只小老鼠躲避不及，被老花猫抓住了。

就在老花猫张口要咬小老鼠的刹那间，突然传来一连串凶恶的狗叫声。

老花猫听到狗叫声后，松开小老鼠，一溜烟地逃走了。

这时，老鼠妈妈从垃圾桶后面走出来说："我早就对你们说过，多学一种语言有利无害。看，这次我就是用学的狗叫声吓跑了猫，才救了你们一命。"

简单回答问题：

1 题. 老鼠们在垃圾桶里发现了什么？

2 题. 什么声音使老鼠们四处奔逃？

3 题. 老花猫抓住了几只小老鼠？

4 题. 老花猫听见什么声音就逃走了？

5 题. 是谁学狗的叫声把猫吓跑的？

答案："声"=4，"老"=12，"鼠"=8，"的"=6

简答答案：1 题. 剩余的饭菜。　2 题. 猫叫声。　3 题. 两只小老鼠。
　　　　　4 题. 狗叫声。　　5 题. 老鼠妈妈。

第四项　视觉分辨　　找出与标准图相同的图

要求：请学生寻找与左面标准图相同的图，并在选中的图上做出标记。

答案：

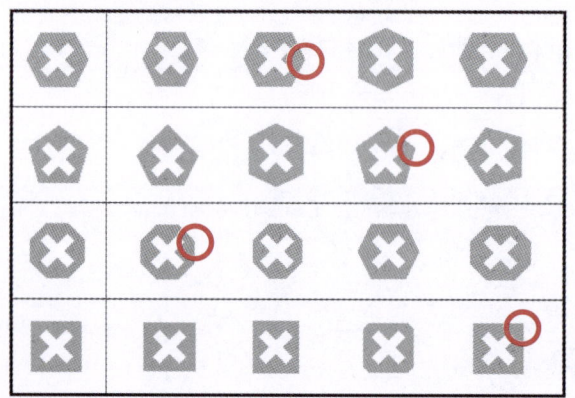

图1

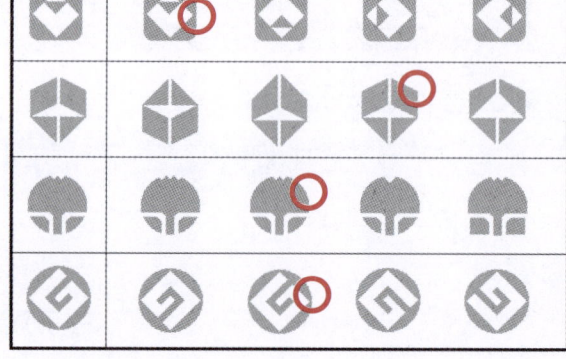

图2

图3

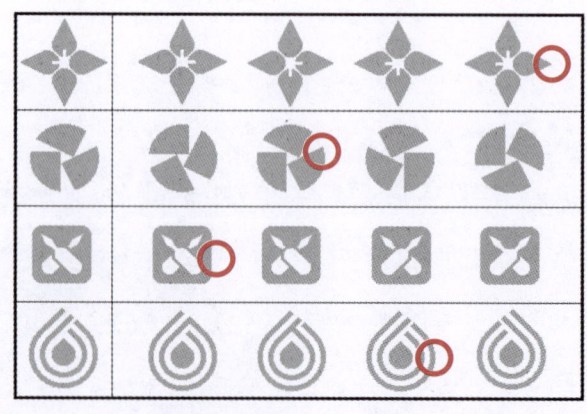

图4

第五项　听觉记忆　　听记数列

要求： 家长数列，学生听完一组数列后在训练报告表中写一组；然后，再听第二组，再写第二组。不能边听边记。

教材：

1 题. 901287　530617　475129　603524　284710　102938　835209　3164650

2 题. 3571083　5037194　7845903　9274630　1038576　4628195

第 14 日评估

项　目	正确率 所占比例	效率 （高、中、低）	与前次相近题 比较（进、退）	情　绪
1. 静　坐				
2. 扫视折线				
3. 数出几个指定汉字的数目				
4. 找出与标准图相同的图				
5. 听记数列				
6. 读数字				

第 **15** 日

第三项　听觉集中　　数出几个指定数字的数目

要求： 家长读数列，学生数出指定数字（"0"，"1"，"7"，"5"）各有几个，并将答案写到训练报告表中。读数列的要求请参见第 1 日第三项。

教材：

72458　70066　06315　58817　48815　20920　96282　92540　91715　36436

78925　90360　01133　05305　48820　46652　13941　46951　94151　16094

答案："0"=13，"1"=13，"7"=5，"5"=12

 **第四项　视觉分辨** **找出数序表中缺失的数字**

要求：请学生表1按正数序1～20，表2按倒数序20～1寻找数序表中缺失的数字，并把缺数写在表下面的空格中。

答案：表1：

2	3	8	11	15

表2：

20	18	14	7	1

第五项　听觉分辨 **找出两句话中不同的词组**

要求：家长读三题很相近的两句话，学生找出每两句话中不同的两对词组。读题要求请参照第3日第五项。

教材：

1题．●大家愤怒地喊叫起来。

●大家生气地叫喊起来。

2题．●孩子们最喜欢看卡通片。

●学生们最愿意看卡通片。

3题．●小宇在教室里特别爱说话。

●小宇在课堂里特别爱讲话。

答案：1题．愤怒—生气，喊叫—叫喊；

2题．孩子—学生，喜欢—愿意；

3题．教室—课堂，说话—讲话。

第六项　视觉理解 **组字成句**

要求：请学生把几个排列混乱的汉字组成一句符合逻辑的通顺的句子。

答案：

1 题．明天是我的生日。	2 题．中国有黄河长江。	3 题．小鸟唱歌真好听。
4 题．蓝猫淘气三千问。	5 题．今天爸爸生了气。	6 题．唐老鸭和米老鼠。
7 题．表哥有只小白兔。	8 题．我有很多好朋友。	9 题．我想去探索月球。
10 题．载人飞船上了天。	11 题．文具盒是小红的。	12 题．我一定努力学习。
13 题．要走人行横道线。	14 题．我每天早晨跑步。	15 题．爸爸在美国工作。
16 题．我们都是地球人。		

第 15 日评估

项　目	正确率 所占比例	效率 （高、中、低）	与前次相近题 比较（进、退）	情　绪
1. 静　坐				
2. 扫视折线				
3. 数出几个指定数字的数目				
4. 找出数序表中缺失的数字				
5. 找出两句话中不同的词组				
6. 组字成句				

第 16 日

第三项　听觉集中　　数出几个指定汉字的数目

要求： 家长读故事《狼和绵羊》，学生数出指定汉字（"狼"，"羊"，"一"，"的"）各有几个，并回答"简答"提问。将答案写到训练报告表中。读故事的要求请参见第 2 日第三项。

教材：

狼和绵羊

刚刚饱餐了一顿的狼发现在刚才抓住野兔的路上躺着一只绵羊，狼知道这只绵羊是看到自己抓兔子和吃兔子的过程，因为过度惊吓而昏倒的。

狼叫醒了绵羊，并对极度恐惧的绵羊说："你不要害怕，你只要说出三件真实的事情，我就一定会放你走。绝对不伤害你。"

绵羊克制住害怕的情绪，想了一想，说："第一，我不想遇到狼。第二，如果真的遇到，最好是只瞎眼的狼。第三，我希望所有的狼都死掉。"

狼想了一会，虽然觉得绵羊说的话很令它生气，但是仍然认为绵羊说的没错，的确是真实的事情，于是就放走了绵羊。

简单回答问题：

1 题．绵羊为什么昏倒？

2 题．狼答应绵羊让它说出几件真实的事情就可以放走它？

3 题．绵羊说的第一件事是什么？

4 题．绵羊说的第二件事是什么？

5 题．绵羊说的第三件事是什么？

6 题．狼为什么放走了羊？

答案："狼"=8， "羊"=9， "一"=6， "的"=13

简答答案：1 题．看到狼抓兔子吃。

2 题．三件。

3 题．不想遇到狼。

4 题．遇到的最好是瞎眼的狼。

5 题．希望所有的狼都死掉。

6 题．因为的确是真实的事情。

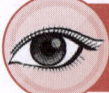 **第四项　视觉分辨**　**数相同图形的数目**

要求：请学生在图中数出相同图形的数目。

答案：

3	6	8	5	9
6	6	5	6	7

第五项　听觉集中　记录数列中按数序排列缺失的数字

要求：家长读一个数列，学生认真听，可以边听边将数列中按数序排列缺失的数字写在训练报告表中。

教材：

1 题. 1、2、4、5、6、8、9、10、12、13、14、16、17、18

2 题. 16、17、18、19、21、22、23、24、26、27、28、30、32、33

3 题. 22、23、25、26、27、28、30、31、33、34、35、37、38、39

4 题. 20、19、18、16、15、14、12、11、9、8、7、5、4、3

答案：1 题. 3　7　11　15　　2 题. 20　25　29　31

3 题. 24　29　32　36　　4 题. 17　13　10　6

第 16 日评估

项　目	正确率所占比例	效率（高、中、低）	与前次相近题比较（进、退）	情　绪
1. 静　坐				
2. 扫视折线				
3. 数出几个指定汉字的数目				
4. 数相同图形的数目				
5. 记录数列中按数序排列缺失的数字				
6. 读倒写的故事				

第 17 日

第三项　听觉集中　数出几个指定数字的数目

要求：家长读数列，学生数出指定数字（"2"，"4"，"6"，"9"）各有几个，并将答案写到训练报告表中。读数列的要求请参见第 1 日第三项。

教材：

72458　70066　06315　58817　48815　20920　96282　92540　91715　36436
78925　90360　01133　05305　48820　46652　13941　46951　94151　16094

答案： "2" =9，"4" =10，"6" =11，"9" =10

 **第四项　视觉分辨**　**数叠加图形中相同图形的数目**

要求： 请学生在图中数出相同图形的数目。

答案：

图1：| ○ | 6 | ✡ | 7 | ⬭ | 5 | ▷ | 10 | ▯ | 7 |

图2：| ⌓ | 6 | ○ | 1 | ⬭ | 3 | ◇ | 7 | ▽ | 8 | ▱ | 6 |

第五项　听觉分辨　**找出三句话中相同的词组**

要求： 家长读三题中三句不同内容的话，学生找出每三句话中相同的两个词组。读题的要求请参见第5日第五项。

教材：

1题. ●八月十六的月亮最圆也特别大。

　　　●节能灯的光不但像月亮的光，而且特别亮。

　　　●主持人月亮姐姐的眼睛特别好看。

2题. ●我们要和时间赛跑。

　　　●哥哥参加百米赛跑得了第一名，所用的时间是20秒。

　　　●时间过得真快，转眼间春季马路赛跑的比赛就要到了。

3题. ●安静的大海突然咆哮起来。

　　　●我正在安静地睡觉，突然被小狗咆哮的声音吵醒。

　　　●动物园里的老虎咆哮着，突然又安静下来。

答案： 1题. 月亮，特别。　2题. 时间，赛跑。　3题. 安静，突然。

第 17 日评估

项　目	正确率 所占比例	效率 (高、中、低)	与前次相近题 比较（进、退）	情　绪
1. 静　坐				
2. 扫视折线				
3. 数出几个指定数字的数目				
4. 数叠加图形中相同图形的数目				
5. 找出三句话中相同的词组				
6. 读数字				

第 **18** 日

第三项　听觉集中　　数出几个指定汉字的数目

要求： 家长读故事《想发财的农民》，学生数出指定汉字（"种"，"他"，"想"，"子"）各有几个，并回答"简答"提问。将答案写到训练报告表中。读故事的要求请参见第 2 日第三项。

教材：

想发财的农民

一个农民，想要发财。

因为大豆可以出口，他就打算在南山种豆子。正在他下种的时侯，突然听见兔子叫。

他想，这里不适合种豆子，兔子会跑下来把豆子吃光的。

于是，他又想种玉米，因为玉米是牲口的饲料，造酒厂也会大量购买。正当他要下种的时侯，突然发现一只熊向山下张望。他想，种玉米也不适合，因为熊瞎子最喜欢掰玉米。

于是，他想种高梁，可是天上有野鸽子飞来飞去……

那么，还是养鸡吧，结果又跳出只狐狸。

唉！到底种点什么好呢？

简单回答问题：

1 题. 农民第一次打算种什么？

2 题. 他又为什么不种豆子了？

3 题. 农民第二次打算种什么？

4 题. 他又为什么不种了？

5 题. 后来他又想干什么？

6 题. 最后，农民干成了什么事情？

答案："种"=8，"他"=7，"想"=6，"子"=7

简答答案：1 题. 豆子。

2 题. 听见兔子叫。

3 题. 玉米。

4 题. 怕熊偷玉米。

5 题. 想种高粱，养鸡。

6 题. 什么也没干成。

 **第四项 视觉分辨** 找出能够组合成标准图的图

要求：请学生在中间图中寻找与右图能够合成左边标准图的图，并在选中的图上做出标记。

答案：

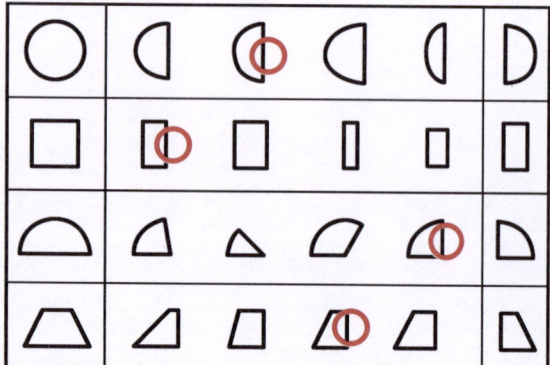

图1

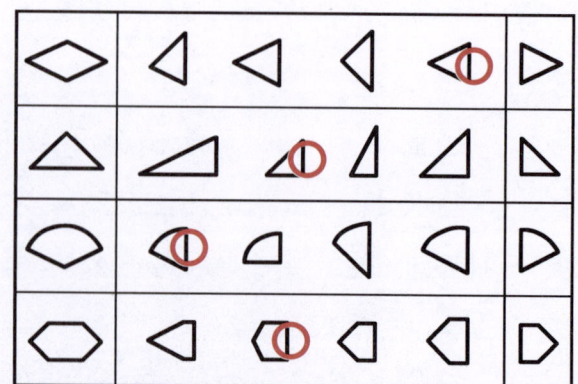

图2

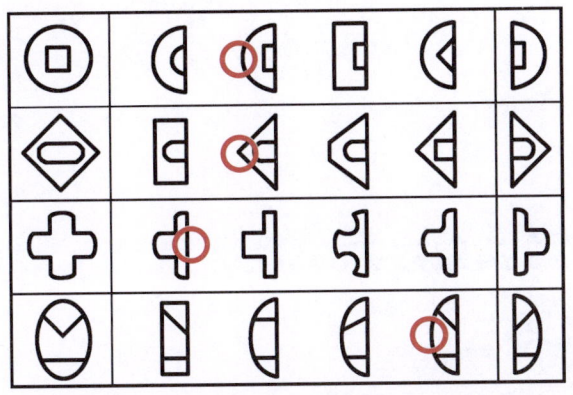

图3

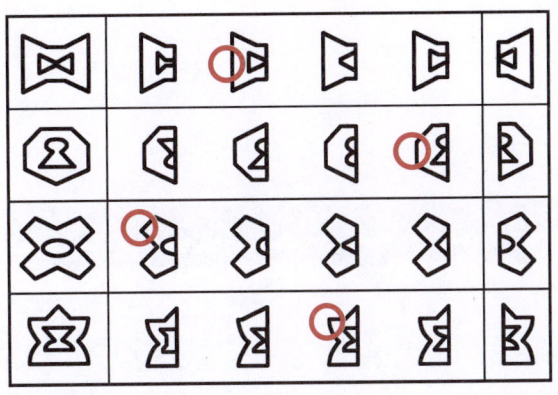

图4

第五项　听觉记忆　　倒述五字短句

要求： 家长读一个五个字的短句，学生把这个短句倒过来复述。

教材：

明天不上学	我的好朋友	我们来唱歌	大家做游戏	我叫李小明
今天下大雪	我们搬家了	老师病好了	他去看电影	我考得很好

答案：

学上不天明	友朋好的我	歌唱来们我	戏游做家大	明小李叫我
雪大下天今	了家搬们我	了好病师老	影电看去他	好很得考我

第18日评估

项　目	正确率 所占比例	效率 （高、中、低）	与前次相近题 比较（进、退）	情　绪
1. 静　坐				
2. 扫视折线				
3. 数出几个指定汉字的数目				
4. 找出能够组合成标准图的图				
5. 倒述五字短句				
6. 读倒写的成语接龙				

第 19 日

第三项　听觉集中　　数出几个指定数字的数目

要求： 家长读数列，学生数出指定数字（"1"，"4"，"7"，"8"）各有几个，并将答案写到训练报告表中。读数列的要求请参见第 1 日第三项。

教材：

33057　27036　57595　91953　09218　61173　81932　61179　31051　18548
07446　23799　62749　56735　18857　52724　89122　79381　83011　94912

答案： "1" =16，"4" =6，"7" =12，"8" =9

第四项　视觉分辨　　找出数序表中缺失的数字

要求： 请学生表 1 按正数序 1 ～ 20，表 2 按倒数序 20 ～ 1 寻找数序表中缺失的数字，并把缺数写在表下面的空格中。

答案： 表1：

2	5	8	11	16

表2：

18	14	10	7	4

第五项　听觉转移　　按词组的分类画符号

要求： 家长按顺序读 40 个词组，当学生听到词组属于"交通工具"类时，就在相应的格子内画符号"√"。

教材：

摩托车	电冰箱	铅笔	橡皮	空调	自行车	文具盒	轮船	洗衣机	沙发
对讲机	双人床	电风扇	直尺	书桌	书柜	复读机	录音机	汽车	三角尺
电脑	飞机	越野汽车	餐桌	椅子	微波炉	床头柜	电饭锅	油烟机	梳妆台
厨柜	图钉	公交车	曲别针	大衣柜	笔筒	电动车	出租汽车	圆规	钢笔

答案：

√1	2	3	4	5	√6	7	√8	9	10
11	12	13	14	15	16	17	18	√19	20
21	√22	√23	24	25	26	27	28	29	30
31	32	√33	34	35	36	√37	√38	39	40

第六项　视觉集中　　读汉语拼音

要求：请学生集中注意读汉语拼音，争取又正确又快速。

答案：

三个好朋友

三个好朋友多快活，他们是哥哥、多多和科科。哥哥给多多一个瓜瓜，哥哥又给了科科一个果果。科科想要多多的瓜瓜，多多想要科科的果果。哥哥就把多多的瓜瓜给了科科，又把科科的果果给了多多。大家都开口笑了，一同唱起快乐的歌。

第 19 日评估

项　目	正确率 所占比例	效率 （高、中、低）	与前次相近题 比较（进、退）	情　绪
1. 静　坐				
2. 扫视折线				
3. 数出几个指定数字的数目				
4. 找出数序表中缺失的数字				
5. 按词组的分类画符号				
6. 读汉语拼音				

第20日

第三项　听觉集中　　数出几个指定汉字的数目

要求： 家长读故事《找找小蚂蚁》，学生数出指定汉字（"睡"，"了"，"小"，"累"）各有几个，并回答"简答"提问。将答案写到训练报告表中。读故事的要求请参见第 2 日第三项。

教材：

找找小蚂蚁

小蚂蚁玩呀玩，玩累了。蜗牛说："累了吧？快到我屋里睡一会吧！"小蚂蚁进了蜗牛壳，睡着了。

小蜗牛爬呀爬，爬累了。小猫说："累了吧？快到我耳朵里睡一会吧！"小蜗牛爬进了小猫的耳朵，睡着了。

小猫跑呀跑，跑累了。袋鼠说："累了吧？快到我的袋子里睡一会吧！"小猫进了袋鼠的口袋，睡着了。

袋鼠跳呀跳，跳累了。河马说："累了吧？快到我的嘴巴里睡一会吧！"袋鼠跳进了河马的嘴巴里，睡着了。

该吃饭了，蚂蚁妈妈到处找小蚂蚁。小蚂蚁在哪里呢？

简单回答问题：

1 题 . 小蚂蚁在哪里睡觉？

2 题 . 小蜗牛在哪里睡觉？

3 题 . 小猫在哪里睡觉？

4 题 . 袋鼠在哪里睡觉？

5 题 . 妈妈找到小蚂蚁时，它在哪里？

答案： "睡" =8， "了" =17， "小" =11， "累" =8

简答答案：1题．蜗牛壳。

2题．小猫的耳朵。

3题．袋鼠的口袋。

4题．河马的嘴巴。

5题．蜗牛壳里。

 **第五项　听觉记忆**　　**听记数列**

要求：家长读数列，学生听完一组数列后在训练报告表中写一组；然后，再听第二组，再写第二组。不能边听边记。

教材：

1题．6574839　0192837　7531246　8068462　5847360　3164085

2题．02918473　20194837　4802754　16385097　91827364

第20日评估

项　目	正确率 所占比例	效率 （高、中、低）	与前次相近题 比较（进、退）	情　绪
1. 静　坐				
2. 注视一点不动				
3. 数出几个指定汉字的数目				
4. 按数序在图中找到各数				
5. 听记数列				
6. 读倒写的成语接龙				

第 21 日

第三项　听觉集中　数出几个指定数字的数目

要求：家长读数列，学生数出指定数字（"0"，"3"，"6"，"9"）各有几个，并将答案写到训练报告表中。读数列的要求请参见第 1 日第三项。

教材：

33057　27036　57595　91953　09218　61173　81932　61179　31051　18548
07446　23799　62749　56735　18857　52724　89122　79381　83011　94912

答案：　"0" =6，　"3" =11，　"6" =6，　"9" =13

第四项　视觉分辨　数相同图形的数目

要求：请学生在图中数出相同图形的数目。

答案：

□	○	△	⬭	▭
6	4	8	6	6

第五项　听觉分辨　找出两句话中不同的词组

要求：家长读几题很相近的两句话，学生找出两句话中不同的两对词组。

教材：

1 题. ●小明的功课很好，总是考百分。

●小明的成绩很好，总是考满分。

2题.　●房间里很安静，一点声音都没有。

　　　　●屋子里很安静，一点响音都没有。

3题.　●春节晚会上演出的节目太好看了。

　　　　●元旦晚会上表演的节目太好看了。

答案：1题.　功课—成绩，百分—满分。

　　　　2题.　房间—屋子，声音—响声。

　　　　3题.　春节—元旦，演出—表演。

 **第六项　视觉集中**　**读汉语拼音**

要求：学生集中注意读汉语拼音，争取又正确又快速。

答案：

小狗光凯

　　姑姑送给我和哥哥一只小狗，它的名字叫光凯。光凯真是一只好小狗。看见姑姑跟着跑，看见妈妈开口笑，，看见哥哥跳得高，看见我更是高兴的叫。光凯，光凯，好狗狗！有了你，我好开心，好高兴，好快乐。

第21日评估

项　目	正确率 所占比例	效率 （高、中、低）	与前次相近题 比较（进、退）	情　绪
1. 静　坐				
2. 扫视曲线				
3. 数出几个指定数字的数目				
4. 数相同图形的数目				
5. 找出两句话中不同的词组				
6. 读汉语拼音				

第 **22** 日

 **第三项　听觉集中** 数出几个指定汉字的数目

要求：家长读故事《船夫和他的儿子》，学生数出指定汉字（"船"，"衣"，"热"，"了"）各有几个，并回答"简答"提问。将答案写到训练报告表中。读故事的要求请参见第 2 日第三项。

教材：

船夫和他的儿子

大冷天，船夫出外划船，他把儿子也带了去。

船夫用力划了一程，觉得身体很热，就脱去外衣，只穿了一件单衣。

他跑进船舱，对儿子说："太热了，让我帮你把外衣脱掉！"

他把儿子的外衣脱了，也只让他穿一件单衣。

船夫又划了一程，浑身热得淌汗，他索性把自己穿的一件单衣也脱掉，光着膀子觉得很舒服。

"啊，太热了！太热了！"他又走进船舱，又把儿子的衣服也脱得精光。

船夫划得多卖力气呀，身上冒着热气，淌着汗。然而他可怜的儿子，在船舱里已经冻僵了。

简单回答问题：

1 题．船夫划船是什么季节？

2 题．船夫自己脱了几次衣服？

3 题．船夫给儿子脱了几次衣服？

4 题．船夫的后果如何？

5 题．船夫儿子的后果如何？

答案："船" =8，"衣" =7，"热" =6，"了" =8
简答答案：1题. 冬季。
　　　　　 2题. 两次。

3题．两次。

4题．身上冒着热气，淌着汗。

5题．儿子冻僵了。

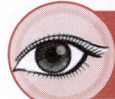 第四项　视觉分辨　　**按题目要求找出各图**

要求：

图1、图2：请学生在中间图中寻找与右图能够合成左边标准图的图，并在选中的图上做出标记。

图3、图4：请学生找到与左面标准图相同的图，并在选中的图上做出标记。

答案：

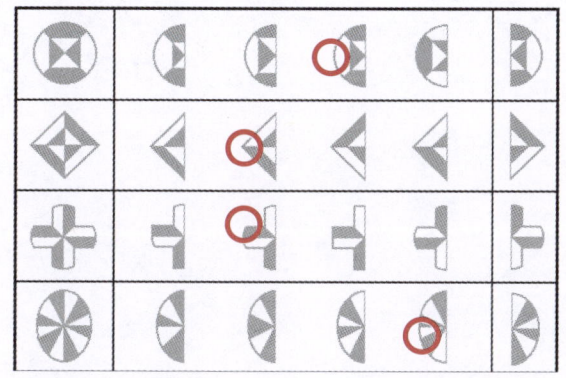

图1

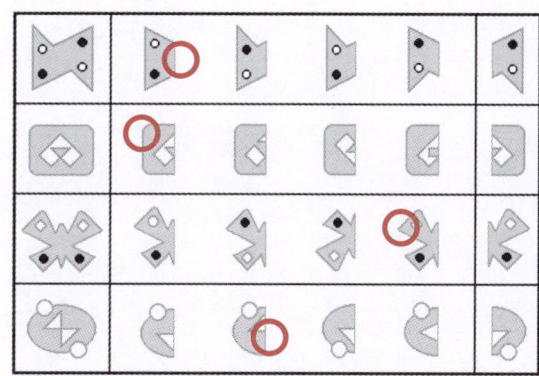

图2

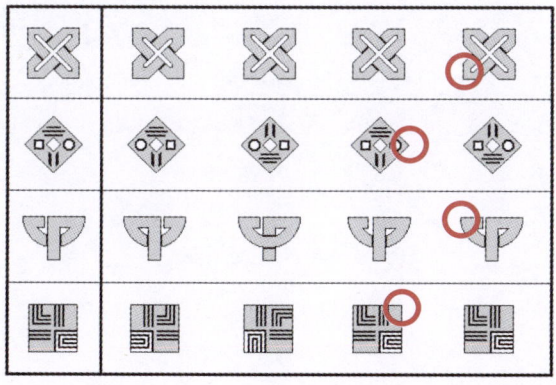

图3

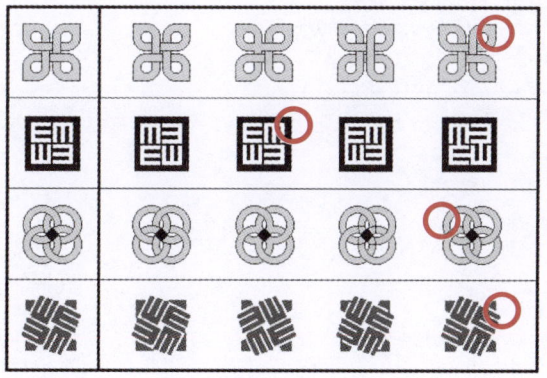

图4

第五项　听觉集中　　**记录数列中按数序排列缺失的数字**

要求：家长读一个数列，学生认真听，可以边听边将数列中按数序排列缺失的数字写在训练报告表中。

教材：

1 题. 25、26、28、30、31、32、34、35、36、38、39

2 题. 42、43、44、46、47、48、50、52、53、55、56

3 题. 78、79、81、82、83、84、85、87、89、91、92

4 题. 100、98、97、96、95、93、92、91、88、87、86

答案：1 题. 27　29　33　37　　2 题. 45　49　51　54

3 题. 80　86　88　90　　4 题. 99　94　90　89

第 22 日评估

项　目	正确率 所占比例	效率 （高、中、低）	与前次相近题 比较（进、退）	情　绪
1. 静　坐				
2. 扫视曲线				
3. 数出几个指定汉字的数目				
4. 按题目要求找出各图				
5. 记录数列中按数序排列缺 失的数字				
6. 口手配合				

第 23 日

第三项　听觉集中　数出几个指定数字的数目

　　要求：家长读数列，学生数出指定数字（"2"，"0"，"6"，"8"）各有几个，并将答案写到训练报告表中。读数列的要求请参见第 1 日第三项。

18652　23460　32423　65243　33863　52360　73242　89263　65024　23820
42323　50033　24239　53023　23248　06323　78524　72324　23923　24389

答案："2"=26，"0"=8，"6"=8，"8"=7

第四项　视觉分辨　数相同图形的数目

要求：请学生在图中数出相同图形的数目。

答案：

⊥	+	Y	T	X	Y
3	5	6	4	5	7

第五项　听觉分辨　找出三句话中相同的词组

要求：家长读三题中三句不同内容的话，学生找出每三句话中相同的两个词组。读题的要求请参见第5日第五项。

教材：

1题. ●烧煤取暖是人们久远以来一直沿用的习惯。

●南方人在冬天有围坐在火炉旁一边取暖一边聊天的习惯。

●小弟不爱戴手套，他习惯于用两只手搓来搓去来取暖。

2题. ●我每天要睡眠十个小时，才能保持头脑清醒。

●狗熊冬天要睡眠六个月，才能清醒过来。

●植物人几乎不能清醒过来，他们一直处于睡眠状态之中。

3题. ●小兔拎着篮子去树林里采蘑菇，蘑菇可真多啊！明天还要来采。

●下星期我还要去外婆家，因为外婆做的蘑菇汤太好吃了。

●春交会里湖南的蘑菇卖得真好，明年还要进很多湖南的货。

答案：1题. 取暖，习惯。
　　　2题. 睡眠，清醒。
　　　3题. 蘑菇，还要。

第 23 日评估

项　目	正确率 所占比例	效率 （高、中、低）	与前次相近题 比较（进、退）	情　绪
1. 静　坐				
2. 扫视曲线				
3. 数出几个指定数字的数目				
4. 数相同图形的数目				
5. 找出三句话中相同的词组				
6. 填写缺失的数字				

第 24 日

 **第三项　听觉集中**　　**数出几个指定汉字的数目**

要求：家长读故事《小白兔办报》，学生数出指定汉字（"小"，"翻"，"报"，"一"）各有几个，并回答"简答"提问。将答案写到训练报告表中。读故事的要求请参见第 2 日第三项。

教材：

小白兔办报

小白兔办了一张《动物报》，可是总没有人来买，小白兔很着急。

一天，一只喜鹊飞到小白兔的书摊前，他翻了翻说："怎么没有关于鸟类的报道呢？"说完便飞走了。

于是，小白兔赶忙办了一期关于鸟类的报。

不久，小猴来买报，他翻了翻说："怎么没有关于山林动物的报道呢？"说完便跑开了。

于是，小白兔又匆忙办了一期关于兽类的报。

不一会，小鲤鱼游来了，他翻了翻说："怎么没有关于水族动物的报道呢？"说完便游走了。

于是，小白兔办了一期关于水族动物的报。

蜜蜂采花蜜经过这里，他翻了翻说："怎么没有关于昆虫的报道呢？"说完就采花去了。

于是，小白兔办了一期关于昆虫的报。

小山羊和小白鹅一起来到小白兔的书摊前，翻了翻说："怎么没有关于家养动物的报道呢？"说完便一起走了。

于是，小白兔办了一期关于家养动物的报。

可是，到最后，小白兔一张报纸也没卖出去。

简单回答问题：

1 题．喜鹊想看关于什么的报道？

2 题．小猴想看关于什么的报道？

3 题．小鲤鱼想看关于什么的报道？

4 题．蜜蜂想看关于什么的报道？

5 题．小山羊和小白鹅想看关于什么的报道？

6 题．小白兔如何办报就可以卖出去了？

答案："小"=15，"翻"=10，"报"=14，"一"=12

简答答案：1 题．鸟类。　2 题．山林动物。　3 题．水族动物。

　　　　　4 题．昆虫。　5 题．家养动物。　6 题．办综合动物报。

第四项　视觉分辨　　找出数序表中缺失的数字

要求：请学生表 1 按正数序 1～20，表 2 按倒数序 20～1 寻找数序表中缺失的数字，并把缺数写在表下面的空格中。

答案：表 1：

6	11	17	19	23

表 2：

21	18	12	5	2

第五项　听觉转移　按词组的分类画符号

要求：家长按顺序读 40 个词组，当学生听到词组属于"电器"类时，就在相应的格子内画符号"√"。

教材：

摩托车	电冰箱	铅笔	橡皮	空调	自行车	文具盒	轮船	洗衣机	沙发
对讲机	双人床	电风扇	直尺	书桌	书柜	复读机	录音机	汽车	三角尺
电脑	飞机	越野汽车	餐桌	椅子	微波炉	床头柜	电饭锅	油烟机	梳妆台
厨柜	图钉	公交车	曲别针	大衣柜	笔筒	电动车	出租汽车	圆规	钢笔

答案：

1	√2	3	4	√5	6	7	8	√9	10
√11	12	√13	14	15	16	17	√18	19	20
√21	22	23	24	25	√26	27	√28	√29	30
31	32	33	34	35	36	37	38	39	40

第 24 日评估

项　目	正确率所占比例	效率（高、中、低）	与前次相近题比较（进、退）	情　绪
1. 静　坐				
2. 扫视曲线				
3. 数出几个指定汉字的数目				
4. 找出数序表中缺失的数字				
5. 按词组的分类画符号				
6. 填写缺失的汉字				

第 **25** 日

第三项　听觉集中　　数出几个指定数字的数目

要求： 家长读数列，学生数出指定数字（"5"，"4"，"9"，"3"）各有几个，并将答案写到训练报告表中。读数列的要求请参见第 1 日第三项。

教材：

18652　23460　32423　65243　33863　52360　73242　89263　65024　23820
42323　50033　24239　53023　23248　06323　78524　72324　23923　24389

答案： "5" =7，"4" =11，"9" =4，"3" =25

第四项　视觉分辨　　数相同图形的数目

要求： 请学生在图中数出相同图形的数目。

答案：

b	d	q	p	t	f
6	5	6	4	6	3

第五项　听觉分辨　　找出两句话中不同的词组

要求： 家长读几题很相近的两句话，学生找出每两句话中不同的两对词组。读题要求请参照第 3 日第五项。

教材：

1 题.　●在动物园里，我们拍了很多照片。

　　　　●在植物园里，我们拍了很多像片。

2题. ●五一黄金周，我们一起去黄山游玩。

　　　●五一黄金周，大家一起去黄山旅游。

3题. ●假期的作业可真多，不过我已经做完了。

　　　●假期的练习可真多，不过我已经完成了。

答案：1题. 动物—植物，照片—相片。

　　　　2题. 我们—大家，游玩—旅游。

　　　　3题. 作业—练习，做完—完成。

第25日评估

项　目	正确率 所占比例	效率 （高、中、低）	与前次相近题 比较（进、退）	情　绪
1. 静　坐				
2. 扫视曲线				
3. 数出几个指定数字的数目				
4. 数相同图形的数目				
5. 找出两句话中不同的词组				
6. 填写缺失的汉语拼音				

第26日

 **第三项　听觉集中**　　**数出几个指定汉字的数目**

　　要求：家长读故事《老马和小马》，学生数出指定汉字（"马"，"小"，"水"，"走"）各有几个，并回答"简答"提问。将答案写到训练报告表中。读故事的要求请参见第2日第三项。

教材:

老马和小马

老马领着小马在路上奔走，当他们走过一片泥塘时，老马告诉小马："慢慢地走，慢慢地走！一步踩实了以后，再走第二步。"

后来他们走过了一条山溪，溪水哗哗地响，水流得很快，水波不停地跳荡着。

小马害怕了。老马说："不要怕，放心走吧。这里走快一点不要紧。"

小马问道："妈妈，刚才走那么平静的泥塘，您是那么小心，这里的水流要急得多，您怎么反而不大在意呢？"

老马说："在清澈的溪流里走，可以看清溪水的底，哪里高哪里低看得一清二楚。所以可以放心地走。但在泥塘里，下面是看不见的。因此要十分的小心，才不会出问题。"

简单回答问题:

1题．当老马和小马走过一片泥塘时，老马告诉小马要快走还是慢走？

2题．山溪的水流得怎样？

3题．在过山溪时，老马要小马快还走是慢走？

4题．我们能够看清平静泥塘的下面吗？

5题．我们可以看见清澈山溪的底吗？

答案："马"=10，"小"=7，"水"=5，"走"=11
简答答案：1题．慢慢走。　2题．很快。　3题．快一点。
　　　　　4题．看不见。　5题．看得见。

第四项　视觉分辨　找出数序表中缺失的数字

要求: 请学生表1按正数序1～25，表2按倒数序25～1寻找数序表中缺失的数字，并把缺数写在表下面的空格中。

答案：表1：

4	8	12	16	20

表2：

25	20	15	10	5

 第五项　听觉分辨　　**找出三句话中相同的词组**

要求：家长读三题中三句不同内容的话，学生找出每三句话中相同的两个词组。读题的要求请参见第 5 日第五项。

教材：

1 题.　●邻居的小弟弟刚学走路，摇摇摆摆的样子真逗人喜爱。

　　　●推一下不会走路的不倒翁，它就会摇摇摆摆地摇个不停。

　　　●别看鸭子平时走路时摇摇摆摆、慢条斯理的，但飞起来时，还是有有些气魄。

2 题.　●爷爷、奶奶总是教育我们要珍惜各种可以用的东西，不要浪费。

　　　●做功课拖拖拉拉，就是不珍惜时间，实际上是在浪费生命。

　　　●有的人认为牛爬得很慢，是在浪费时间，其实蜗牛是很珍惜时间的。

3 题.　●小宇一天都不高兴，整天嘟着嘴巴，使得每一个看见他的人都不快乐了。

　　　●海鸥快乐地唱着歌在海面上飞翔，海里的海豚听见了，也高兴地在水中跳跃。

　　　●我是你的好朋友，我快乐着你的快乐，高兴着你的高兴，忧伤着你的忧伤。

答案：1 题. 走路，摇摇摆摆。　2 题. 珍惜，浪费。　3 题. 快乐，高兴。

第 26 日评估

项　目	正确率 所占比例	效率 （高、中、低）	与前次相近题 比较（进、退）	情　绪
1. 静　坐				
2. 扫视曲线				
3. 数出几个指定汉字的数目				
4. 找出数序表中缺失的数字				
5. 找出三句话中相同的词组				
6. 填写缺失的数字				

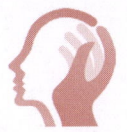

第 27 日

第三项 听觉集中 数出几个指定数字的数目

要求：家长读数列，学生数出指定数字（"0"，"9"，"2"，"8"）各有几个，并将答案写到训练报告表中。读数列的要求请参见第1日第三项。

教材：

83417 93205 23323 87932 65930 69350 32123 23432 06893 93245
54321 86493 65932 28675 93210 93432 32132 13213 20429 32193

答案： "0" =6， "9" =12， "2" =20， "8" =5

第四项 视觉分辨 数相同图形的数目

要求：请学生在图中数出相同图形的数目。

答案：

人	大	太	入	天	夫
6	5	6	4	5	4

第五项 听觉转移 按词组的分类画符号

要求：家长按顺序读40个词组，当学生听到词组属于"服装鞋帽"类时，就在相应的格子内画符号"√"。

教材：

大衣	国际象棋	皮鞋	高尔夫球	T恤衫	电子琴	古筝	吉他	裤子	锣鼓
羽绒服	排球	网球拍	衬衫	草帽	萨克斯	套鼓	裙子	拖鞋	钢琴
运动服	足球	围棋	手风琴	西装	小号	领带	运动鞋	琵琶	篮球
网球	凉鞋	乒乓球拍	大提琴	象棋	二胡	笛子	睡衣	小提琴	礼帽

答案：

✔1	2	✔3	4	✔5	6	7	8	✔9	10
✔11	12	13	✔14	✔15	16	17	✔18	✔19	20
✔21	22	23	24	✔25	26	✔27	✔28	29	30
31	✔32	33	34	35	36	37	✔38	39	✔40

第27日评估

项　目	正确率 所占比例	效率 （高、中、低）	与前次相近题 比较（进、退）	情　绪
1. 静　坐				
2. 扫视曲线				
3. 数出几个指定数字的数目				
4. 数相同图形的数目				
5. 按词组的分类画符号				
6. 填写缺失的汉字				

第28日

第三项　听觉集中　　数出几个指定汉字的数目

要求：家长读故事《煮豆浆》，学生数出指定汉字（"小"，"豆"，"我"，"羊"）各有几个，并回答"简答"提问。将答案写到训练报告表中。读故事的要求请参见第2日第三项。

教材：

煮豆浆

小羊过生日，好多小朋友带着礼物、贺卡来祝贺她。

小羊和羊妈妈为了答谢大家，要做豆浆招待大家。

小朋友说："让我们大家一起做吧，那会更有意思。"

小马说："我跑得快，让我去买豆子。"

小猪说："我爱干净，讲卫生，洗豆子由我把关。"

小驴说："我有耐心，拉磨磨豆浆由我负责。"

小牛说："我力气大，劈柴由我承包。"

小猴说："我不怕热，生火煮豆浆由我包干。"

大家一齐努力，热腾腾的豆浆煮好了。

小猴、小羊爱吃甜豆浆，羊妈妈在他们的豆浆里放了一小勺白糖，香甜可口的甜豆浆做好了。

小牛、小驴、小马爱吃咸浆，羊妈妈就在他们的碗里加了榨菜、油条、虾米、酱油。热浆一冲，美味爽口的咸豆浆出来了。

羊妈妈爱吃辣，就在咸浆里滴了几滴辣油。

大家吃得津津有味，都说："今天的豆浆真是特别好吃。"

"祝你生日快乐，祝你生日快乐！"大家围着小羊唱起了生日歌。

简单回答问题：

1题．都有哪几个小朋友来祝贺小羊的生日？

2题．买豆子、洗豆子、磨豆浆是谁负责？

3题．劈柴、烧火煮豆浆是谁？

4题．哪个爱吃甜豆浆，哪个爱吃咸豆浆？

5题．咸豆浆里都放了什么调料？

答案："小"＝16，"豆"＝12，"我"＝11，"羊"＝8

简答答案：1题．小马、小驴、小猴、小猪和小牛。

2题．小马买豆子，小猪洗豆子，小驴磨豆浆。

3题．小牛劈柴，小猴烧火煮豆浆。

4题．小猴、小羊爱吃甜豆浆，小牛、小马、小驴爱吃咸豆浆。

5题．放了榨菜、油条、虾米和酱油。

 **第五项　听觉分辨** **找出两句话中不同的词组**

要求：家长读三题很相近的两句话，学生找出每两句话中不同的两对词组。读题要求请参照第 3 日第五项。

教材：

1 题．● 马路上排满了各种各样的车辆，走都走不动。

　　　● 马路上挤满了各种各样的汽车，走都走不动。

2 题．● 今年暑假，我们全家经过商议，决定去海南度假。

　　　● 今年暑假，我们全家通过决议，决定去海南度假。

3 题．● 这一期的黑板报出得真好，不但内容好，而且插画也特别好看。

　　　● 这一期的黑板报出得真好，不仅内容好，而且插画也分外好看。

答案：1 题．排—挤，车辆—汽车。

　　　　2 题．经过—通过，商议—决议。

　　　　3 题．不但—不仅，特别—分外。

第 28 日评估

项　目	正确率 所占比例	效率 （高、中、低）	与前次相近题 比较（进、退）	情　绪
1. 静　坐				
2. 扫视曲线				
3. 数出几个指定汉字的数目				
4. 按数序在图中找到各数				
5. 找出两句话中不同的词组				
6. 填写缺失的汉语拼音				

第 29 日

第三项　听觉集中　　数出几个指定数字的数目

要求：家长读数列，学生数出指定数字（"3"，"6"，"5"，"1"）各有几个，并将答案写到训练报告表中。读数列的要求请参见第 1 日第三项。

教材：

83417　93205　23323　87932　65930　69350　32123　23432　06893　93245
54321　86493　65932　28675　93210　93432　32132　13213　20429　32193

答案：　"3" =26，　"6" =6，　"5" =7，　"1" =8

第四项　视觉分辨　　数相同图形的数目

要求：请学生在图中数出相同图形的数目。

答案：

□	○	△	○	⏢
3	3	4	3	3
▽	▭	◠	▱	◇
3	3	3	2	3

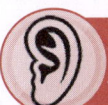

第五项　听觉分辨　　找出三句话中相同的词组

要求：家长读三题中三句不同内容的话，学生找出每三句话中相同的两个词组。读题的要求请参见第 5 日第五项。

教材：

1题．●爸爸突然转身，对着那个欺负我的无赖使劲地打了一巴掌。

　　●姐姐跳舞时，转身的动作很美。我看了使劲地鼓掌，姐姐都不好意思了。

　　●当老师转身对着黑板写字时，陈刚突然使劲拍了一下手，大家都笑了起来，搞得老师很生气。

2题．●小红非常害怕打雷，只要看见闪电，她就会钻到被子里，把自己蒙起来。

　　●夏天下雨之前总是能够听到打雷的声音，你如果注意的话，在打雷之前，会先看到闪电。

　　●老虎用打雷般的声音对兔子吼着说："我要吃掉你，你还不向我求饶？"话还没有说完，小兔子就闪电般地消失了。

3题．●小胖胖得很结实，跑起来也很轻巧，看着很健康的样子。

　　●强强的爸爸买回一个很漂亮的玻璃玩具，看着很轻巧。强强不小心把它掉到地上，但是没有碎，想不到它居然这么结实。

　　●姐姐的平衡木做得非常好。那天，她做完了一套动作，正轻巧地往下跳时，不小心撞到了结实的平衡木边，头上碰起一个包。

答案：1题．转身，使劲。　2题．打雷，闪电。　3题．结实，轻巧。

第 29 日评估

项　目	正确率 所占比例	效率 （高、中、低）	与前次相近题 比较（进、退）	情　绪
1.静　坐				
2.扫视曲线				
3.数出几个指定数字的数目				
4.数相同图形的数目				
5.找出三句话中相同的词组				
6.口手配合				

第 30 日

数出几个指定汉字的数目

要求：家长读故事《两张帐单》，学生数出指定汉字（"澳"，"元"，"的"，"了"）各有几个，并回答"简答"提问。将答案写到训练报告表中。读故事的要求请参见第 2 日第三项。

教材：

两张账单

有一次，澳伊达发现自己的球鞋坏了，需要买双新的。他不愿意直接开口向父母要钱，因为他前不久刚刚让父母给他买了一副新的网球拍。

澳伊达挖空心思想了很久，终于想出了一个新的办法。一天，吃早餐的时候，他把一张帐单递给妈妈。帐单上面写着：

妈妈欠澳伊达：

倒垃圾费	1 澳元
跑腿费	2 澳元
园艺费	2 澳元
擦车费	1 澳元
总计：	6 澳元

妈妈看完帐单，随手放入口袋中，但什么话也没说。澳伊达心里七上八下的。

第二天也是吃早餐的时候，澳伊达发现桌上放着 6 澳元，下面也压着另一张帐单，上面写着：

澳伊达欠妈妈：

抚育费	0 澳元
一日三餐	0 澳元
日常穿戴	0 澳元
游泳、购书、磁带、录像带等	0 澳元

生活中的细心照顾　　　　　　　　0 澳元

总计：　　　　　　　　　　　　　0 澳元

澳伊达看完羞愧得满脸通红。他走到妈妈身边，轻轻把 6 澳元放回妈妈的口袋里，哽咽着说："妈妈，我错了。"

妈妈把澳伊达搂进怀中，脸上也淌着泪珠："澳伊达，亲爱的。以前爸爸、妈妈都搞错了。我们首先应该让你成为一个有爱心的公民。"

简单回答问题：

1 题．澳伊达前不久刚买了什么？

2 题．澳伊达又需要买什么东西了？

3 题．澳伊达给妈妈写了一张什么？

4 题．妈妈帐单上写的钱数是多少？

5 题．澳伊达看完帐单后怎样？

6 题．妈妈说重要的是让澳伊达成为什么样的人？

答案："澳"=22，"元"=13，"的"=11，"了"=6

简答答案：1 题．网球拍。

　　　　　2 题．球鞋。

　　　　　3 题．账单。

　　　　　4 题．0 澳元。

　　　　　5 题．羞愧地说：我错了。

　　　　　6 题．有爱心的人。

第五项　注意力测试　视觉测试

要求：

1. 把全部做完 120 题的时间写在训练报告表中。

2. 家长把学生的"测试题答卷"对照下面的"测试题答案"，找出错误个数，并计算错误个数所占的百分比。再把结果写到训练报告表中。

测 试 题 答 案

题目	1K	1H	5X	C5	A7	O2	1V	3K	9Z	X9	W8	N12	2M	L5	Z19
答案	4	9	4	5	1	8	2	6	6	4	8	7	0	3	7
题目	B5	4H	L1	12Z	19H	5L	J7	C1	I18	8R	M20	13S	2N	4Q	P20
答案	1	7	2	1	9	3	2	8	1	9	4	8	5	5	6
题目	6G	3F	3R	14Y	2T	L17	18C	4D	3X	5Y	1Q	V13	13J	4B	5R
答案	4	9	9	4	5	3	3	6	8	4	4	4	9	6	3
题目	9S	G8	B2	5J	3W	4L	7Q	13K	Z11	5T	8R	17X	9D	1Y	I4
答案	9	9	4	4	7	5	2	4	8	1	9	3	9	4	4
题目	F33	T38	27P	22D	Z21	C16	31M	24W	35H	Y37	D33	28X	33T	29O	F39
答案	8	6	1	1	7	2	3	4	4	9	6	7	9	1	5
题目	13B	G15	22X	28S	34Q	37N	9W	14J	28F	32D	37W	H34	K25	18B	I24
答案	6	4	9	3	5	8	5	4	5	9	0	9	5	3	0
题目	36X	31O	25C	23P	40H	36F	V39	4D	15K	30S	24Y	21J	H25	15X	33I
答案	9	7	9	7	8	8	9	6	2	7	4	5	1	9	5
题目	24F	28W	36G	39Q	R31	T34	H37	X32	K27	33X	29F	27X	32H	D37	T18
答案	4	2	7	2	4	6	1	5	7	3	6	9	8	9	0

第六项 注意力测试 听觉测试

要求：学生听家长读句子，然后重复，并把正确重复的句数写到训练报告表中。

教材：

1. 小明写信。

2. 小明晚上写信。

3. 小明晚上在爷爷家写信。

4. 小明晚上在爷爷家的书房里写信。

5. 小明晚上在爷爷家的书房里用毛笔写信。

6. 小明晚上在爷爷家的书房里用毛笔给叔叔写信。

7. 小明晚上在爷爷家的书房里用毛笔给在美国的叔叔写信。

8. 小明晚上在爷爷家的书房里用毛笔给在美国学习的叔叔写信。

9. 小明晚上在爷爷家的书房里用毛笔给在美国哈佛大学学习的叔叔写信。

10. 小明晚上在爷爷家的书房里用毛笔给在美国马萨诸塞州哈佛大学学习的叔叔写信。

11. 小明晚上在爷爷家的书房里用毛笔给在美国马萨诸塞州哈佛大学学习的叔叔写贺年信。

12. 小明晚上在爷爷家的书房里用毛笔给在美国马萨诸塞州哈佛大学学习的叔叔写元旦贺年信。

第 30 日评估

项　目	正确率 所占比例	效率 （高、中、低）	与前次相近题 比较（进、退）	情　绪
1. 静　坐				
2. 扫视曲线				
3. 数出几个指定汉字的数目				
4. 按数序在图中找到各数				
5. 视觉测试				
6. 听觉测试				

视知觉训练题目分布索引

视知觉训练在第一册中共有五类训练方式：视觉集中，视觉分辨，视觉转移，视觉理解，知觉转移。

一、视觉集中：

视觉集中是指将视力集聚起来的能力，也就是把眼睛紧紧盯住一个东西的能力。

视觉集中能力是视知觉的基础，视觉集中能力强的人，才有可能看见——看清——看全——看懂——记住。

视觉集中的训练题在第一册中共有两种方法：（一）读数字，读拼音；（二）倒读故事，倒读成语接龙。

（一）读数字，读拼音

1．读数字

这种方法就是死盯着数字看明白，读出来，在第一册要求一个一个连续地读 250 个数字，还要求读得尽量快、清晰和准确。这样连续地进行训练，能把视觉集中的能力提高很多。

读数字的练习在第一册中有四次，分别是：**第 7 日，第 10 日，第 14 日，第 17 日。**

2．读拼音

读拼音显然要比读数字难，因为除了拼读准确，还要读准四声音阶。

读汉语拼音的练习在第一册中有两次，分别是：**第 19 日，第 21 日。**

（二）倒读故事，倒读成语

1．读倒写的故事

因为文章是有一定的逻辑性和语法规则，顺着读较容易，即使没有很仔细看，一般也不容易出错。但倒着读，因为没有了逻辑关系和语法规则，就必须一个字一个字地认真看清，才不会读错。所以，倒读文章能很有效的提高视觉集中能力。根据这个道理，平时不妨经常采用倒读文章的方法，可以训练出很强的视觉集中能力。

读倒写的故事的练习在第一册中有三次，分别是：**第 9 日，第 12 日，第 16 日。**

2．读倒写的成语接龙

读倒写的成语接龙的练习在第一册中有两次，分别是：**第 18 日，第 20 日。**

二、视觉分辨：

视觉分辨的训练是在视觉集中的基础上再加以细微部分的比较，例如：变化的部分，缺失的部分，相同的部分、不同的部分等等。在训练的过程中，除了增强视觉能力，同时也了提高了思维能力、解决问题的能力还有磨炼意志力的作用。

第一册视觉分辨用了七种方法：（一）"找出横线两边不同的数字"、（二）"数叠加图形中相同图形的数目"、（三）"找出与标准图相同的图"、（四）"找出数序表中缺失的数字"、（五）"数相同图形的数目"、（六）"按题目要求找出各图"以及（七）"按数序在图中找到各数"。

通过不同的类型和方法由浅入深地进行视觉分辨的训练。

（一）找出横线两边不同的数字

第 2 日：

图 1

32—32	81—71
18—16	69—69
23—27	84—44
95—93	58—38
68—68	60—90

图 2

67—76	07—09
39—38	58—58
89—89	57—43
24—57	96—96
50—05	33—88

第 7 日：

图 1

555—575	209—297
323—232	359—359
747—774	606—066
613—613	492—924
397—387	861—891
571—517	688—886

图 2

742—743	596—586
272—372	708—708
535—585	690—609
135—531	846—864
438—843	565—565
200—020	101—110

第 12 日：

图 1

4862—4762	5934—9345
2597—2579	8193—8193
3103—3103	5806—5608
2056—2065	9318—9316
3671—6371	7005—7055
9864—9884	3749—3749
2974—2074	5981—5891

图 2

5481—5814	9657—9657
2906—2908	4753—4573
8092—8209	1753—1953
2693—2693	3080—3060
5192—5219	6493—6439
8345—6345	7108—8017
9191—9191	3815—3185

找出横线两边不同的数字的练习在第一册中有三次，分别是：第 2 日，第 7 日，第 12 日。

▶ 寻找最好的解题方法

1. 用两只手的手指分别指着横线两边的数字，十位对十位，个位对个位来进行比对。例如第 2 日的"18—16"，发现个位数不同，只在 6 的下面画一条线即可。

2. 用眼睛比对横线左右数列的十位数和个位数，把横线右边不同的数字画出来。

3. 对于数列中数字较多的可以分段比对。

例如第 12 日中的"4862—4762"，可以分为两段。先比对"48—47"，再比对"62—62"，结果只需在 7 的下面画线即可。

4. 还有一种好方法，先把横线左边的数字背下来，"4862"，然后嘴里一边说着"4—8—6—2"，眼睛一边看着横线右边的"4—7—6—2"一个一个地进行比对，之后，就可以在 7 下面画线了。

这四种不同的方法，看你喜欢哪一种。随着数列的增长，再看哪种方法更好。

（二）数叠加图形中相同图形的数目

第 3 日： 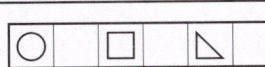　图 1

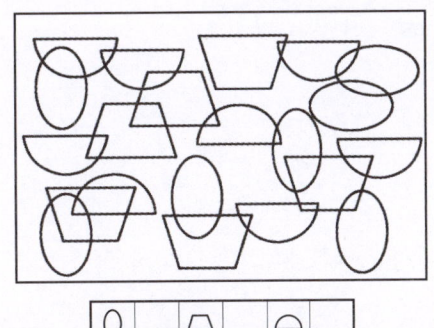　图 2

第 8 日： 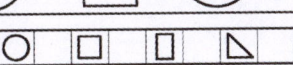　图 1

　图 2

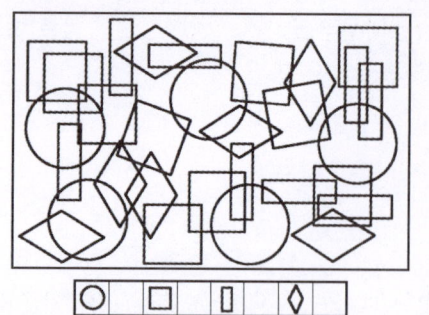

第 13 日： 图1 图2

第 17 日： 图1 图2

数叠加图形中相同图形的数目的练习在第一册中有四次，分别是：**第 3 日**，**第 8 日**，**第 13 日**、**第 17 日**。

▶ 寻找最好的解题方法

这么多图叠合在一起，怎么看才不会漏数或重复数呢？能不能随意看见哪个就数哪个？不行，应该按一定的规律数，或者从左到右或从上到下地数，这样可以避免漏数或重复数的情况发生。数好后，再数一次，最后把图形数写到空格中。

（三）找出与标准图相同的图

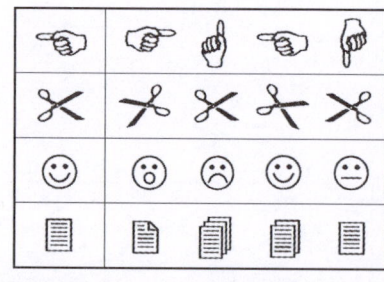

图1

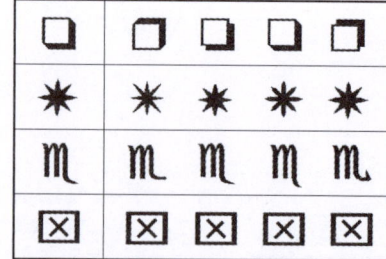

图2

第 4 日：

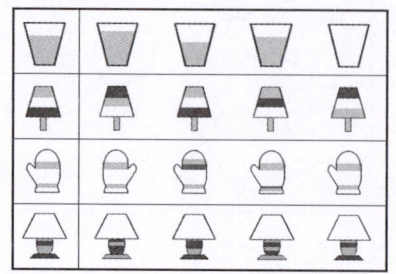

图3

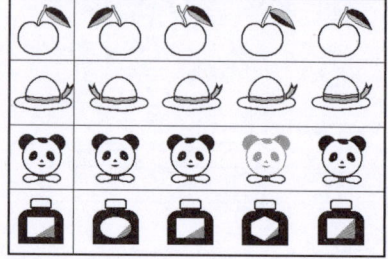

图4

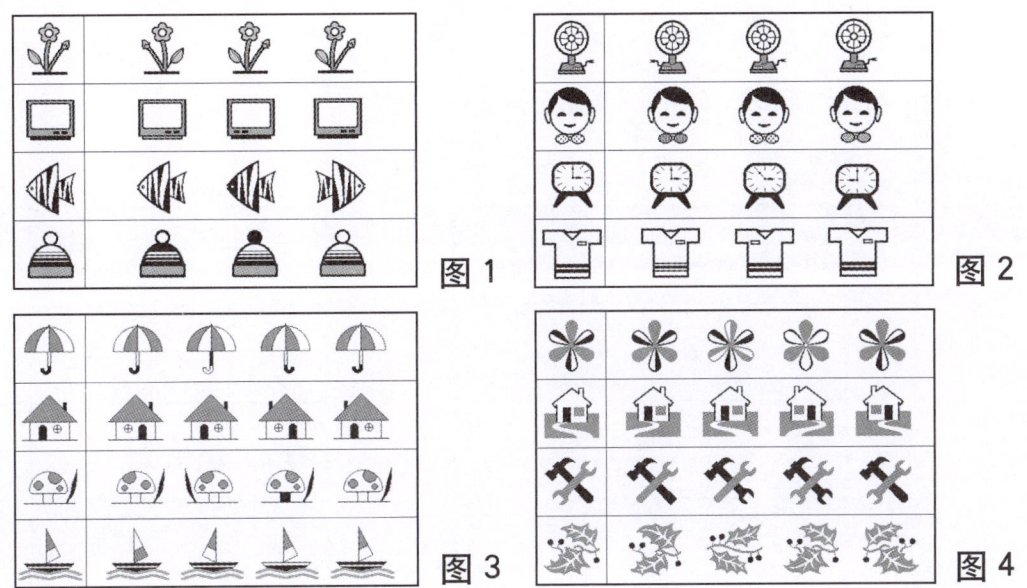

第 9 日：

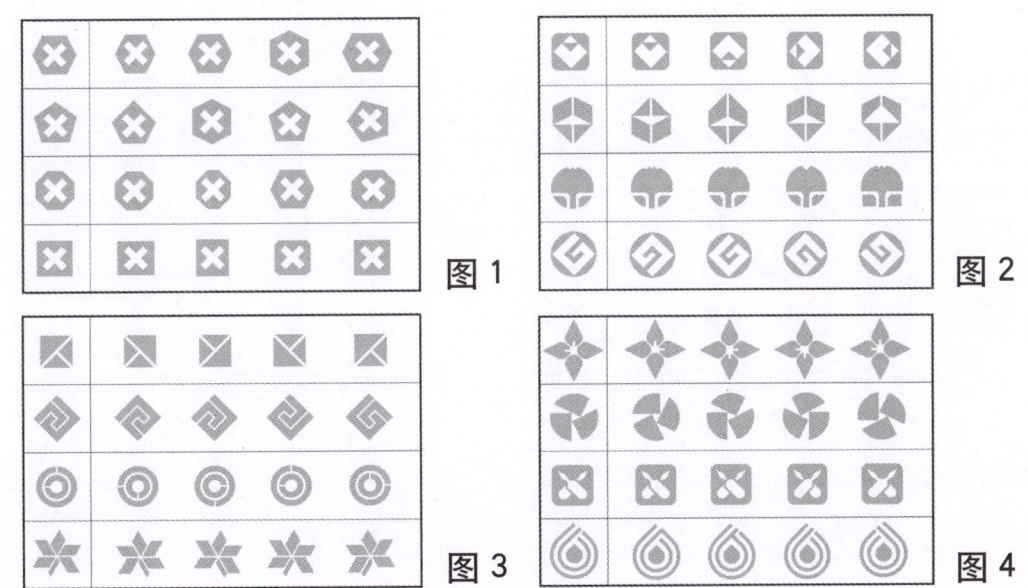

第 14 日：

找出与标准图相同的图的练习在第一册中有三次，分别是：**第 4 日**，**第 9 日**，**第 14 日**。

▶▶ 寻找最好的解题方法

主要要观察细节，并逐一排除。

例如第 4 日图 4 的第一行，先看标准图的苹果把儿是向右边弯的，那么第一步可以把四个图中最左面的那个苹果排除掉。再看标准图，苹果叶子深颜色的一边在上，第二步就可以观察叶子的颜色，寻找深颜色一边在上边的那个图。很容易就会找到最

右面的苹果是完全与标准图相同的。

（四）找出数序表中缺失的数字

13	2	1	11
6	14	4	7
9	10	16	8

3	11	8	15
10	2	13	9
12	5	4	6

第 5 日：

表 1

表 2

4	14	6	16
11	1	10	8
5	15	2	12

2	13	9	6
11	4	16	5
8	15	7	3

第 10 日：

表 1

表 2

1	19	18	16	10
12	6	14	7	13
5	17	9	2	4

17	6	12	5	16
3	13	2	15	9
11	8	19	4	10

第 15 日：

表 1

表 2

13	20	7	15	1
9	17	12	4	19
18	6	14	10	3

第 19 日：

表 1

17	3	20	5	13
11	6	1	16	9
2	19	12	8	15

表 2

22	18	13	2	20
3	8	25	4	10
15	21	14	7	9
5	16	1	12	24

第 24 日：

表 1

19	8	16	24	3
4	23	7	15	10
9	13	14	25	6
22	11	20	1	17

表 2

13	6	21	14	2
9	19	1	23	25
17	11	22	5	15
3	24	7	18	10

第 26 日：

表 1

8	18	24	7	11
3	23	4	17	1
9	6	14	13	21
16	19	22	2	12

表 2

　　找出数序表中缺失的数字的练习在第一册中有六次，分别是：第 5 日，第 10 日，第 15 日，第 19 日，第 24 日，第 26 日。

▶ 寻找最好的解题方法

在练习中有意识地训练眼睛"选择性捕捉的能力"。

例如第 15 日 1 ～ 20 中，有 1 ～ 9 属于一位数，10 ～ 20 属于二位数，而一位数所占的空格宽度肯定比二位数要窄，因此我们在看数字时，可以甩开宽的数字，先找窄的数字 1 ～ 9；当找完 9 以后，看数字时就着重看宽的数字，甩开窄的数字。这样做的时间长了之后，眼睛的观察能力肯定会提高，同时也可以加快查找的速度。大家可以试一试。

例如第 24 日 1 ～ 25 中，可以分为 1 ～ 9，10 ～ 19 和 20 ～ 25 的三段来找。在寻找 20 ～ 25 时，可以甩开一位数，也甩开二位数中十位是"1"的，只看十位是"2"的。这样训练，眼睛会比没有进行过训练的人捕捉能力强得多。

（五）数相同图形的数目

第 6 日：

第 11 日：

3	6	8	5	9	6
6	9	5	8	5	9
8	3	3	6	9	3
9	6	9	3	5	8
5	5	9	6	8	3

3	6	8	5	9

第 16 日：

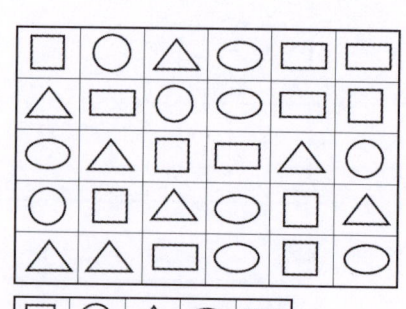

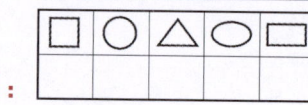

第 21 日：

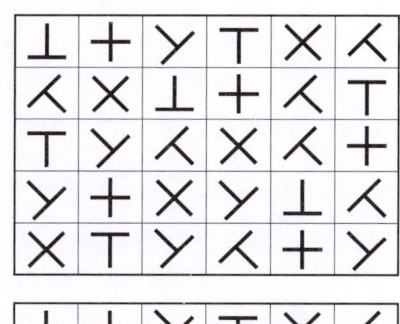

⊥	+	Y	T	⋏	⋏
⋏	⋏	⊥	+	⋏	T
T	Y	⋏	⋏	⋏	+
Y	+	⋏	Y	⊥	⋏
⋏	⊥	Y	⋏	+	Y

| ⊥ | + | Y | T | ⋏ | ⋏ |
| | | | | | |

第 23 日：

b	d	q	p	t	f
d	q	t	b	p	q
b	t	f	t	b	d
d	b	p	q	q	d
f	q	b	t	t	p

| b |
| d |
| q |
| p |
| t |
| f |

第 25 日：

人	大	太	入	天	夫
人	太	天	入	天	大
太	大	人	天	夫	天
夫	太	太	大	入	人
大	人	入	人	太	夫

| 人 | 大 | 太 | 入 | 天 | 夫 |
| | | | | | |

第 27 日：

□	○	△	○	△	◇
▽	□	▱	▱	▽	□
△	◇	△	□	△	▱
○	▱	△	▱	□	▽
△	○	△	▱	△	◇

| □ | ○ | △ | ○ | △ | ▽ | □ | △ | ▱ | ◇ |
| | | | | | | | | | |

第 29 日：

数相同图形的数目的练习在第一册中有八次，分别是：**第 6 日**，**第 11 日**，**第 16 日**，**第 21 日**，**第 23 日**，**第 25 日**，**第 27 日**，**第 29 日**。

猜题目要求：

这类题的图分上下两部分。上面的是几种图形混合着放置在每个格中，下面是上图各种图形的样子和几个空格。可以猜想出，下面的空格应该是要填写对应图形的数目。

▶ **寻找最好的解题方法**

第一册每题都是总数为 30 个图，但需数的图形数不同。

做题时，要有规律地找，或者一行一行地数，或者一列一列地数，使操作变得简单、快捷。举例如下：

第 23 日：

① 图由几个因素组成？【两个因素：两条线】② 图有几种组合？【6 种】③ 将图编号为 1 号、2 号、3 号……。

分析1 1 号图和 4 号图都是一横一竖，直立摆放，区别是 1 号图横线在下，4 号图横线在上。横着数还是竖着数合适？建议横着数。数 1 号图时，只数下部分是横线的，其他的不要管。数 4 号图时，就只数上面有横线的。

分析2 数 2 号图时，只看中间是加号的就数，其他都甩开不管。

分析3 数 5 号图时，只数中间是乘号的，其他都甩开不管。

分析4 3 号图和 6 号图，在空格内很显眼的是都有一个空的三角形，3 号图的三角形在右下角，6 号图的三角形在左上角。

数 3 号图和 6 号图时，建议竖着数。数 3 号图时，只要看右下角是空的三角形就数，其他甩开不管。数 6 号图时，只要看左上角是空的三角形才数，其他都甩开不管。

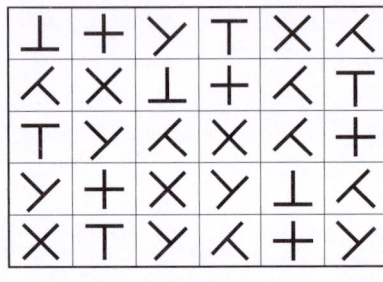

第 23 日：

第 25 日：

怎么检查

① 题中一共有几个图案？【30 个】

② 需找的图案都有几种？【6 种】

③ 每种图案的个数和图案的总数有什么关系？【6 种图案的总和应该是 30】

④ 如果数完后 6 种图案数加起来的和不是 30 个怎么办？有简单方法吗？没有，只能老老实实地从头来数，或者为了减少错误，在每数一种图的数目时，都数两次。

两次的得数一致，基本就对了。

总之，这也是一个训练细心、耐力和意志力的极好方法。

（六）按题目要求找出各图

按题目要求找出各图的练习在第一册中有两次，分别是：第 18 日，第 22 日。

1. 在中间图中寻找与右图能够合成标准图的图

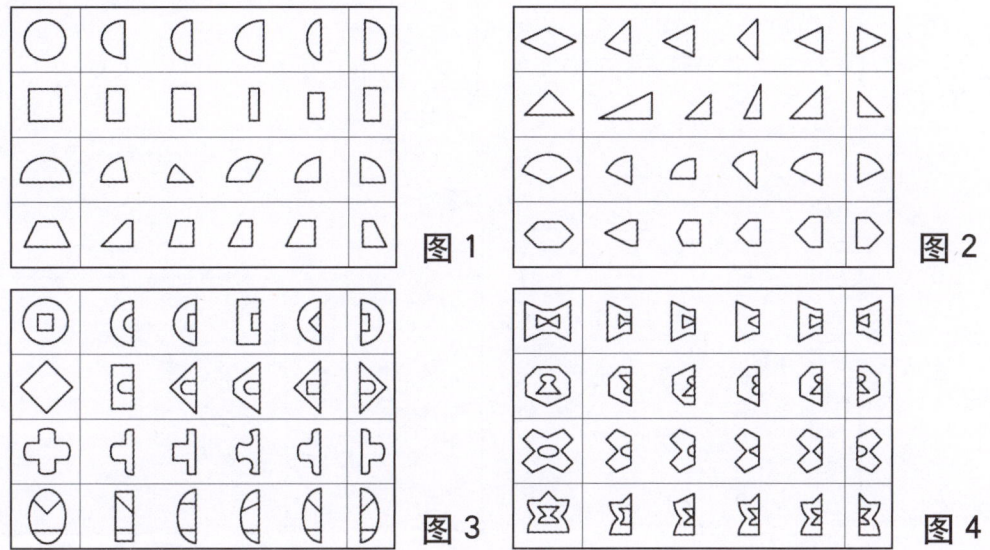

第 18 日：

2. 找出与标准图相同的图

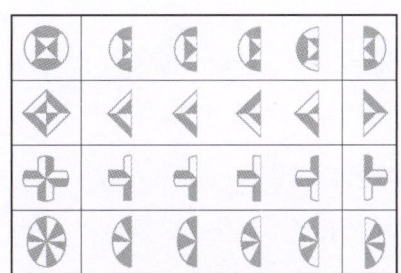

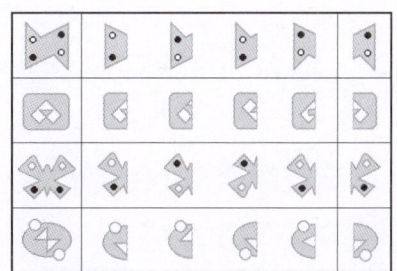

第 22 日：

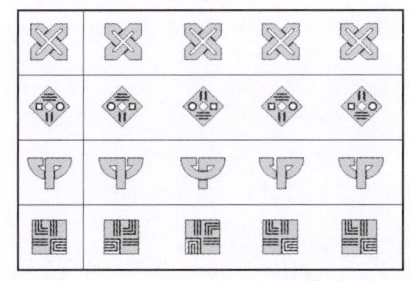

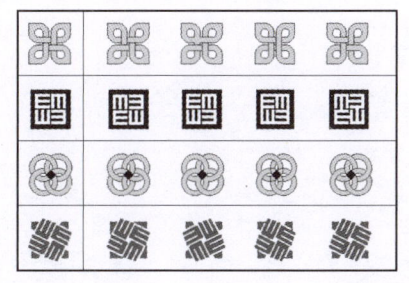

第 22 日：

（七）按数序在图中找到各数

按数序在图中找到各数的练习在第一册中有三次，分别是：**第 20 日**，**第 28 日**，**第 30 日**。

第 20 日：

16	7	12	8	19
6	13	9	10	2
15	1	20	17	5
4	18	11	3	14

图 1

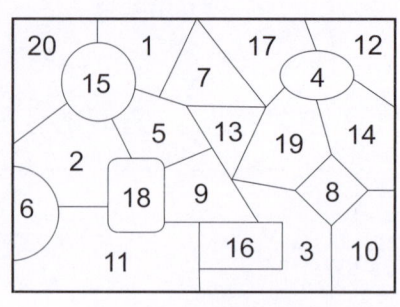

图 2

第 28 日：

13	7	11	24	2
20	16	8	5	18
4	1	22	14	9
15	10	6	17	21
19	23	3	12	25

第 30 日：

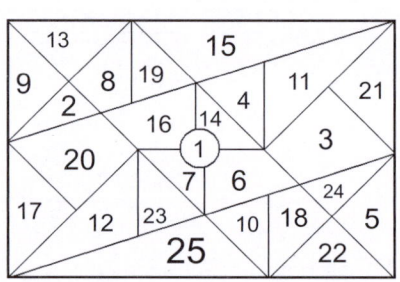

▶ 寻找最好的解题方法

先猜题目要求：

第 20 日图 1 中有 20 个格子，每个格子中有一个数字，最小的数为 1，最大的数是 20。

图 2，是不规则的排列，最小的数是 1，最大的数也是 20。

猜一猜这种题的要求是什么？【在格子中找到 1 ~ 20 这 20 个数字】

举例解题

这种题和（四）找出数序表中缺失的数字有相同之处。

例如：第 21 日图 1 和图 2 找数字时同样是把数字分为 1 ~ 9，10 ~ 20，即窄和宽两种。数 1 ~ 9 时只看窄的数字，甩开宽的不看；数 10 ~ 20 时只看宽的数字，甩开窄的不看。

第 28 日、第 30 日，因为数字增多，总共 25 个数字，在寻找二位数时，又要分为 11 ~ 19，只看十位是"1"的数；20 ~ 25，只看十位是"2"的数。

三、视觉转移

视觉转移是指在学习或工作过程中，需要我们将眼睛从看某处换到看另一处。要

求达到在转移中不会影响到效果和质量。

视觉转移的训练在第一册中共有两种方法：（一）算数加减法，（二）填写缺失的数字、汉字、汉语拼音。

（一）算数加减法计算

1.算数加法计算

3	5	8	3																			

1 题

2	7	9																				

第 2 日：　2 题

- -

6	9	5																				

1 题

5	9	4																				

第 4 日：　2 题

算数加法计算的练习在第一册中有两次，分别是：**第 2 日**，**第 4 日**。

2.算数减法计算

5	2	3	9																			

第 3 日：　1 题

5	1	4																		

第 3 日： | | | | | | | | | | | | | | | | | | | | | 2 题

5	3	2																		

1 题

5	4	1																		

第 5 日： | | | | | | | | | | | | | | | | | | | | | 2 题

算数减法计算的练习在第一册中有两次，分别是：**第 3 日，第 5 日。**

（二）填写缺失的数字、汉字、汉语拼音

1．填写缺失的数字

此项练习专门针对写字时丢字、抄错字的现象。

第 23 日：

表 1
```
141592653589793238462 6433
8327950288419716939937510
5820974944592307816406286
2089986280348253421170679
8214808651328230664709384
4609550582231725359498128
4811174502841027619385211
0555964462294895493038196
```

表 2
```
1415  2653  8979  2384  2643
83  7950  8841  7169  9937  10
8209  4944  9230  8164  6286
208  9862  0348  5342  1706  9
8  1480  6513  8230  6470  384
4609  5058  2317  5359  9812
48  1174  0284  0276  9385  11
5559  4462  9489  4930  8196
```

第 26 日：

表 1
```
4428810975665933446128475
6482337867831652712019091
4564856692346034861045432
6648213393607260249141273
7245870066063155881748815
2092096282925409171536436
7892590360011330530548820
4665213941469519415116094
```

表 2
```
4  288  097  665  334  612  475
648  337  678  165  712  190  1
564  566  234  034  610  543
66  821  393  072  024  141  73
7  458  006  063  558  174  815
209  096  829  540  171  364  6
892  903  001  330  305  882
46  521  941  695  941  116  94
```

注意：有的孩子喜欢用尺子比着观察，这样就失去了训练眼睛的作用。只用手比划还是可以的，但最好是单纯用眼来观察。

 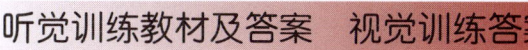
填写缺失的数字的练习在第一册中有两次，分别是：**第 23 日**，**第 26 日**。

2. 填写缺失的汉字

第 24 日：

表1

> 田鼠邀请家鼠来赴宴，摆出地里生产的红薯干、花生等请他吃。家鼠看出田鼠很穷，便请他第二天到自己家里去做客。那天，家鼠把田鼠带到一个有钱人的库房里，找到各种鱼肉和点心来款待田鼠。正当他们面对着这些美食准备进餐时，管库房的管家婆突然走了进来，就把他们都吓跑了。

表2

> 田鼠　请家鼠来赴　摆出　里生的红　干、花生　请他吃。家看出鼠很　便请他　二天　自己里去客。那天，家鼠　田鼠　到一个有人的　房里，　到各种　肉和　心来待田鼠。正　他们面对　这些美　备进　时，管　房的　家　突然走了进来，就　他们都　跑了。

第 27 日：

表1

> 古时候，有一位外科医生觉得白鹤的腿太长，而野鸭的腿又太短。它们站在一起时，一高一矮，很不协调，看着也不顺眼。他便从市场上买来一只白鹤、一只野鸭，打算改变它们的体型。回来后他立即拿了手术刀将白鹤的腿切断，又将切下的腿截下一截，之后缝合了白鹤的腿。医生再将这段截下来的白鹤腿接到野鸭的短腿上。这样，白鹤和野鸭就变得一样高了。你们想一想，白鹤和野鸭还能够生存吗？

表2

> 古时　有一位外　医生　得白鹤的太长，而　的腿又　它们　在一起时，一高一　很不　看着也不　眼。他　从市场上　来一只　一只野鸭，打　改变它们的体　回来后他立　拿了手术刀　白鹤的　又将切下的腿下一截，之后　合了白鹤的腿。医生　将这　截下来的白　腿　到野鸭的　腿上。这样，白鹤和　鸭就　得一样　了。你们一想，白　和野　还能　生存吗？

填写缺失的汉字的练习在第一册中有两次，分别是：**第 24 日**，**第 27 日**。

3. 填写缺失的汉语拼音

第 25 日：

表1

> cóng běi biān lái le gè lǎ mā, shǒu lǐ tí zhe gè tǎ mā; cóng nán biān lái le gè yǎ bā, yáo lǐ bié zhe gè lǎ bā. shǒu lǐ tí zhe tǎ mā de lǎ mā zhǎo yào lǐ bié zhe lǎ bā de yǎ bā yào yǎ bā de lǎ bā, yáo lǐ bié zhe lǎ bā de yǎ bā bù gěi shǒu lǐ tí zhe tǎ mā de lǎ mā tā de lǎ bā.

表2

> có g běi bin lái l gè lǎ ā, s ǒu lǐ t zhe g tǎ m ;cón nán bin lái l gè yǎ b , yáo ǐ bié zh g lǎ bā. hǒu lǐ í zhe t mā d lǎ mā hǎo y o lǐ bé zhe l bā e yǎ bā ào y bā d lǎ bā, āo lǐ bé he lǎ b de y bā bù gě s ǒu lǐ tí ze tǎ m de lǎ ā tā d lǎ bā.

第 28 日：

表1

> shǒu lǐ tí zhe tǎ mā de lǎ mā gěi le yāo lǐ bié zhe lǎ bā de yǎ bā yì tǎ mā, yāo lǐ bié zhe lǎ bā de yǎ bā gěi le shǒu lǐ tí zhe tǎ mā de lǎ mā yì lǎ bā. bù zhī shǒu lǐ tí zhe tǎ mā de lǎ mā gěi le yāo lǐ bié zhe lǎ bā de yǎ bā jǐ tǎ mā, yě bù zhī yāo lǐ bié zhe lǎ bā de yǎ bā gěi le shǒu lǐ tí zhe tǎ mā de lǎ mā jǐ lǎ bā.

表2

> sh ǔ lǐ í zhe tǎ m de l mā gi le yā l bé zhe l bā d yǎ bā y tǎ mā y o lǐ bé z e lǎ bā d yǎ āg ile s ǒu lǐ tí zhe tǎ ā de ǎm ì lā bā ù z ī sh ǔ lǐ t zhe tǎ m de lǎ āg i le y o lǐ bé z e ǎ āg d yǎ ěi le sh ǔ lǐ t zhe t m de ǎm j lǎ bā.

填写缺失的汉语拼音的练习在第一册中有两次，分别是：**第 25 日**，**第 28 日**。

四、视觉理解

组字成句

视知觉的能力中有一项很重要，即对看过的东西要理解。理解的过程也是提高思

维能力的过程。视觉理解的训练题在第一册中采用了组字成句的方法。

组字成句的练习在第一册中有三次，分别是：**第 8 日，第 11 日，第 15 日。**

第 8 日是 5 个字组句，第 11 日 6 个字组句，第 15 日 7 个字组句。随着字数的增多，难度也加大。

五、知觉转移

口手配合

知觉转移的训练题在第一册中采用了多个知觉器官配合的训练，称之为"口手配合"，可以训练思维和知觉的反应速度。

口手配合的练习在第一册中有四次，分别是：**第 6 日，第 13 日，第 22 日，第 29 日。**

做这个训练，一定不要笑，要十分集中精神，全力以赴，争取不出一个错，才能收到好的效果。

卡片 3

卡片 2

卡片 4

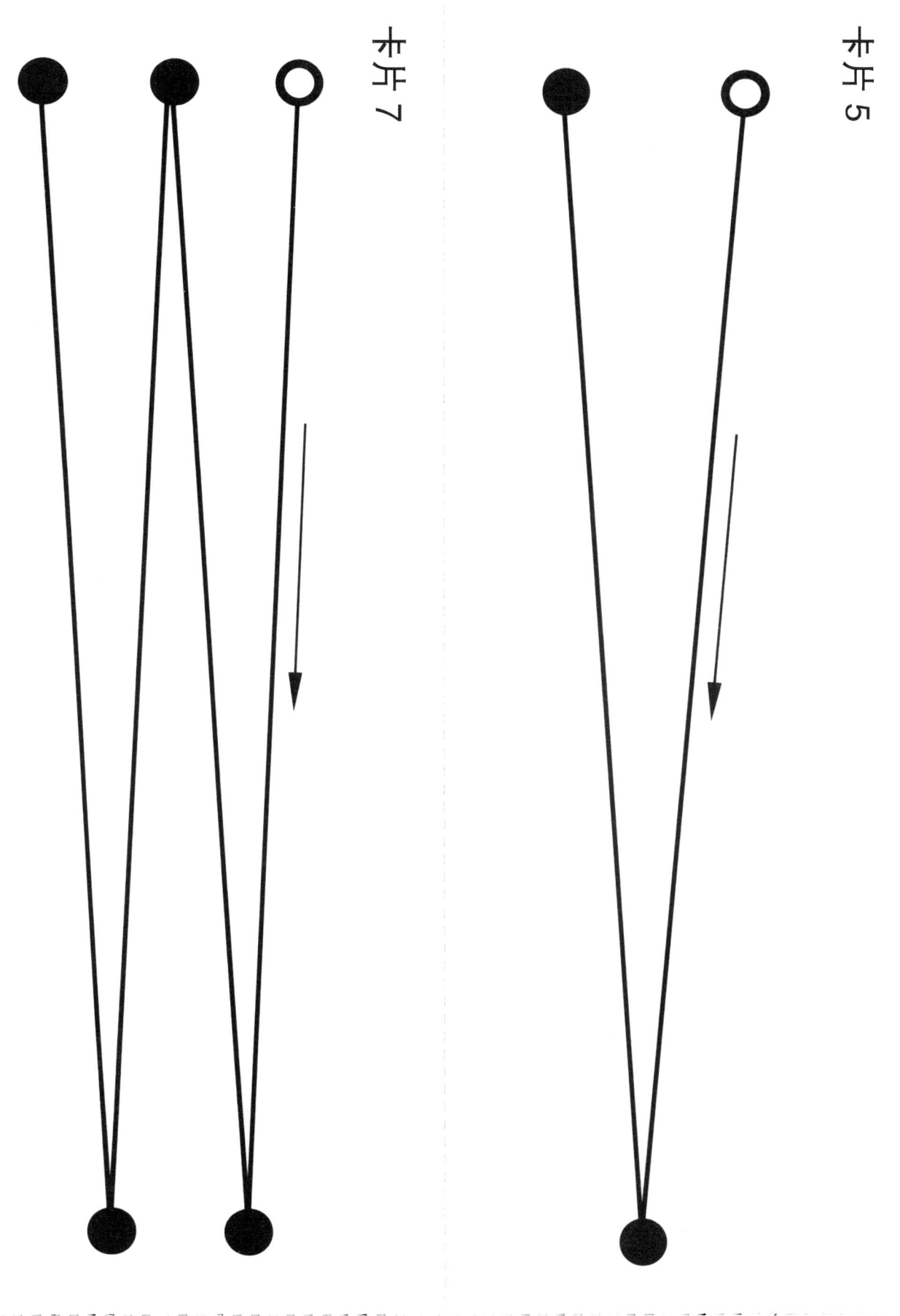

卡片 7

卡片 5

卡片 6

卡片 8

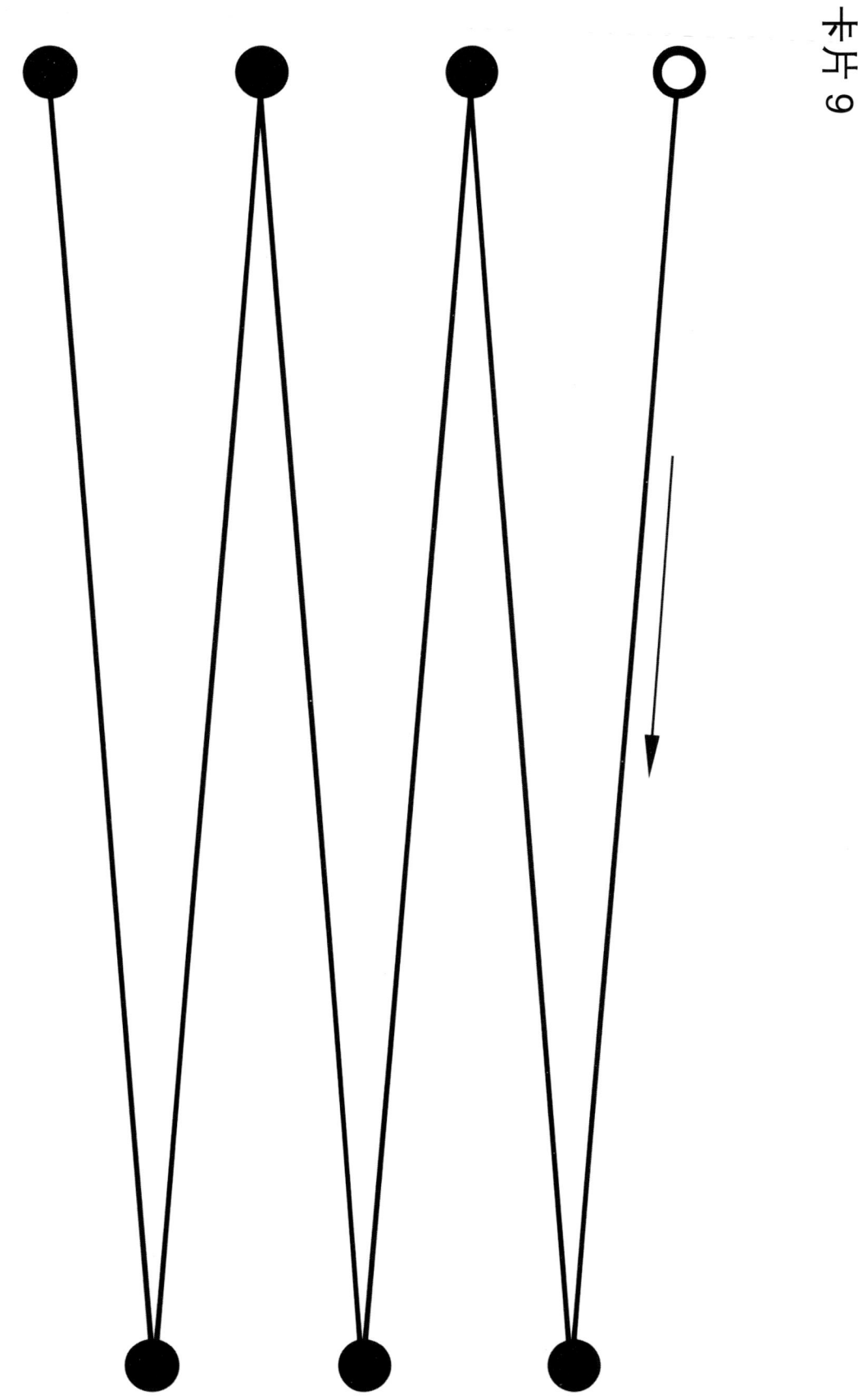

卡片 10

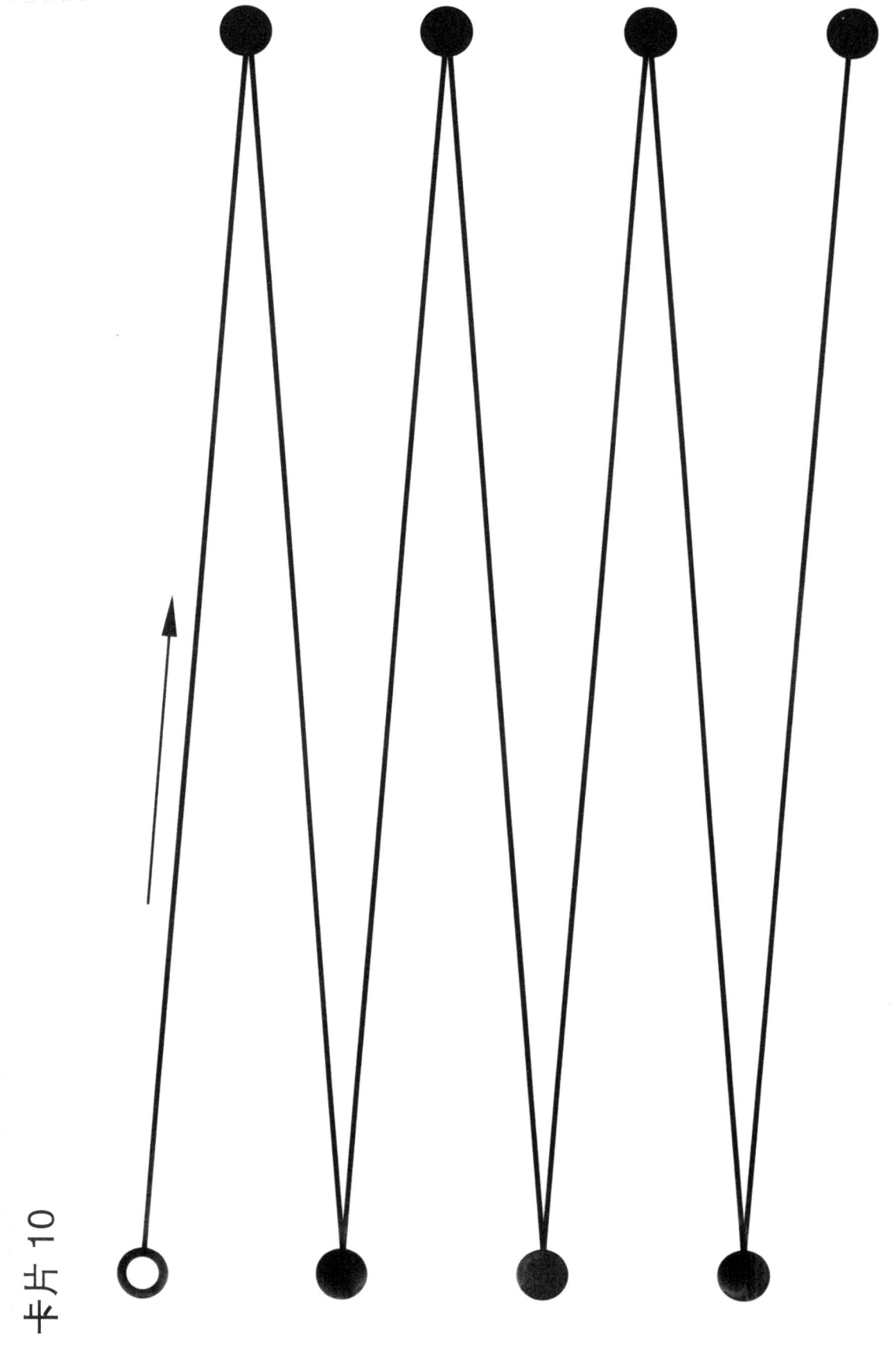

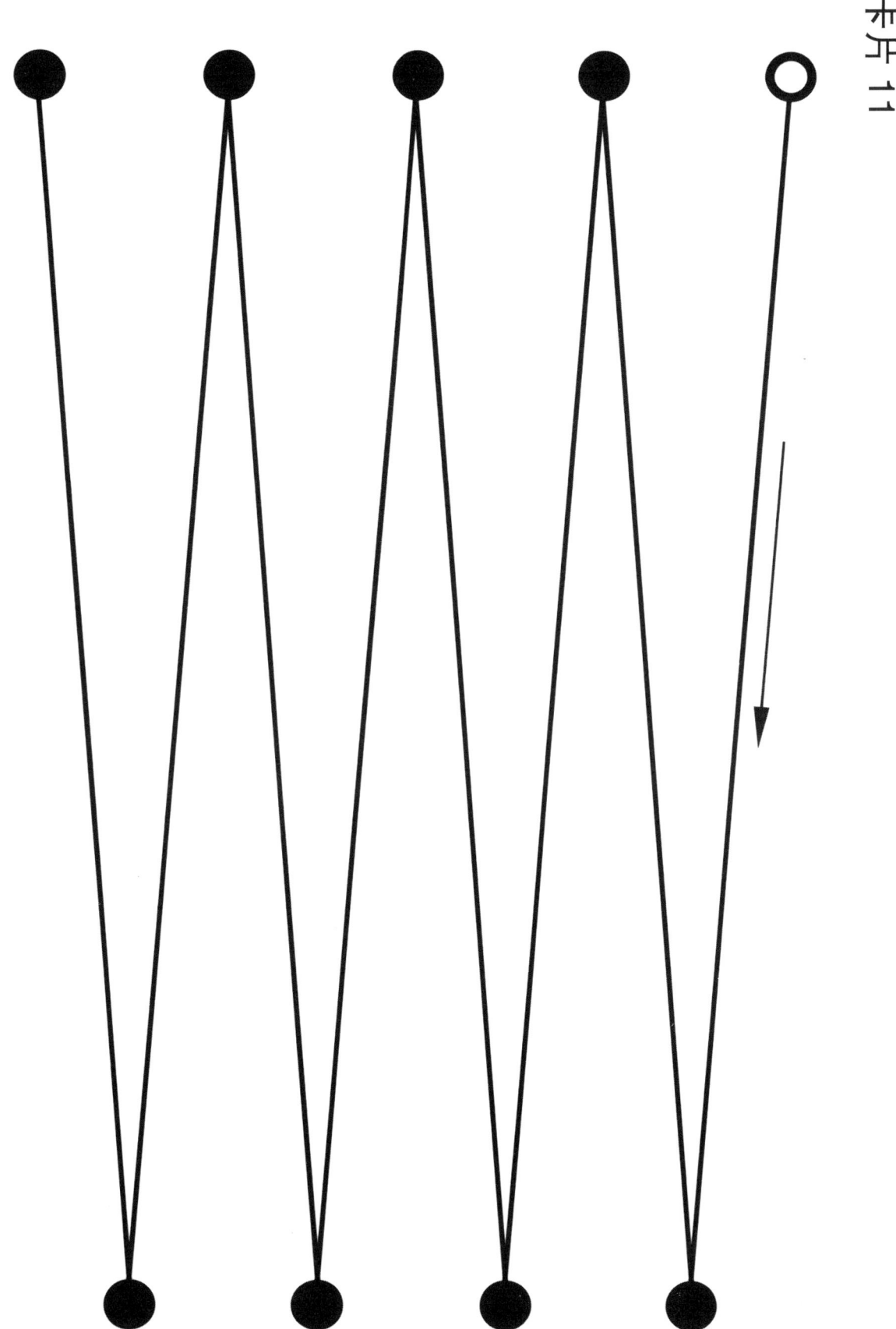

卡片 12

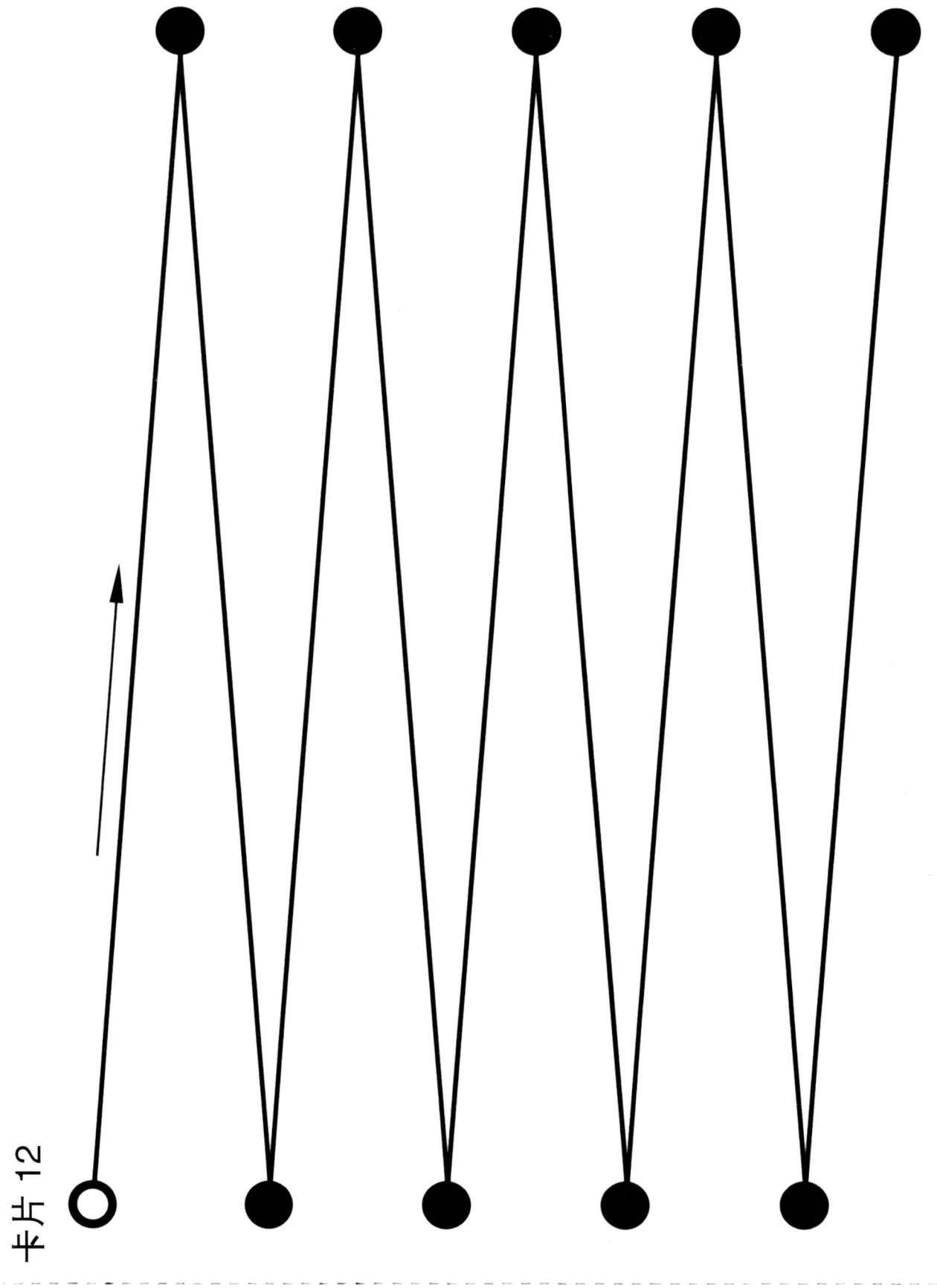

卡片 13

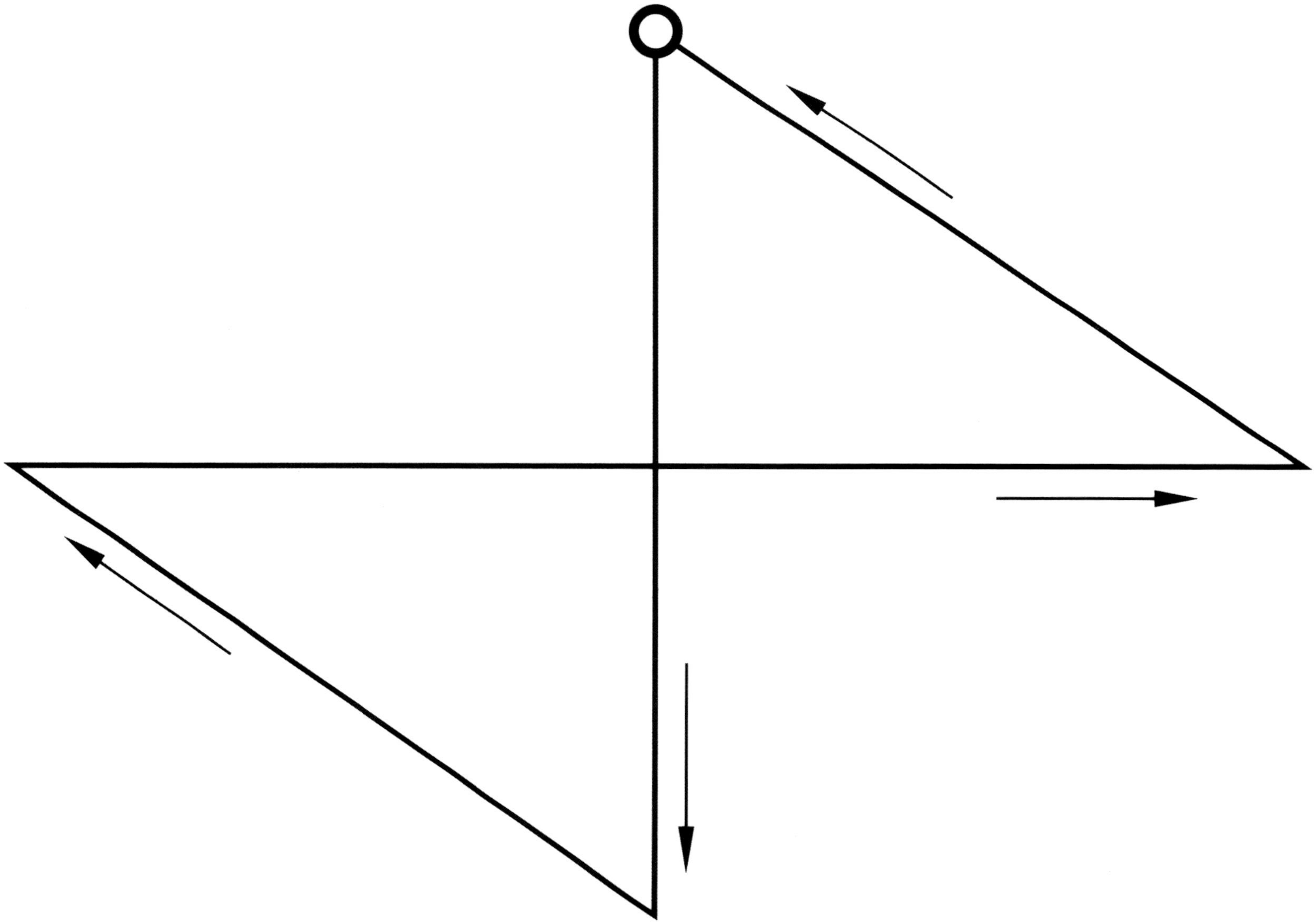

卡片 14

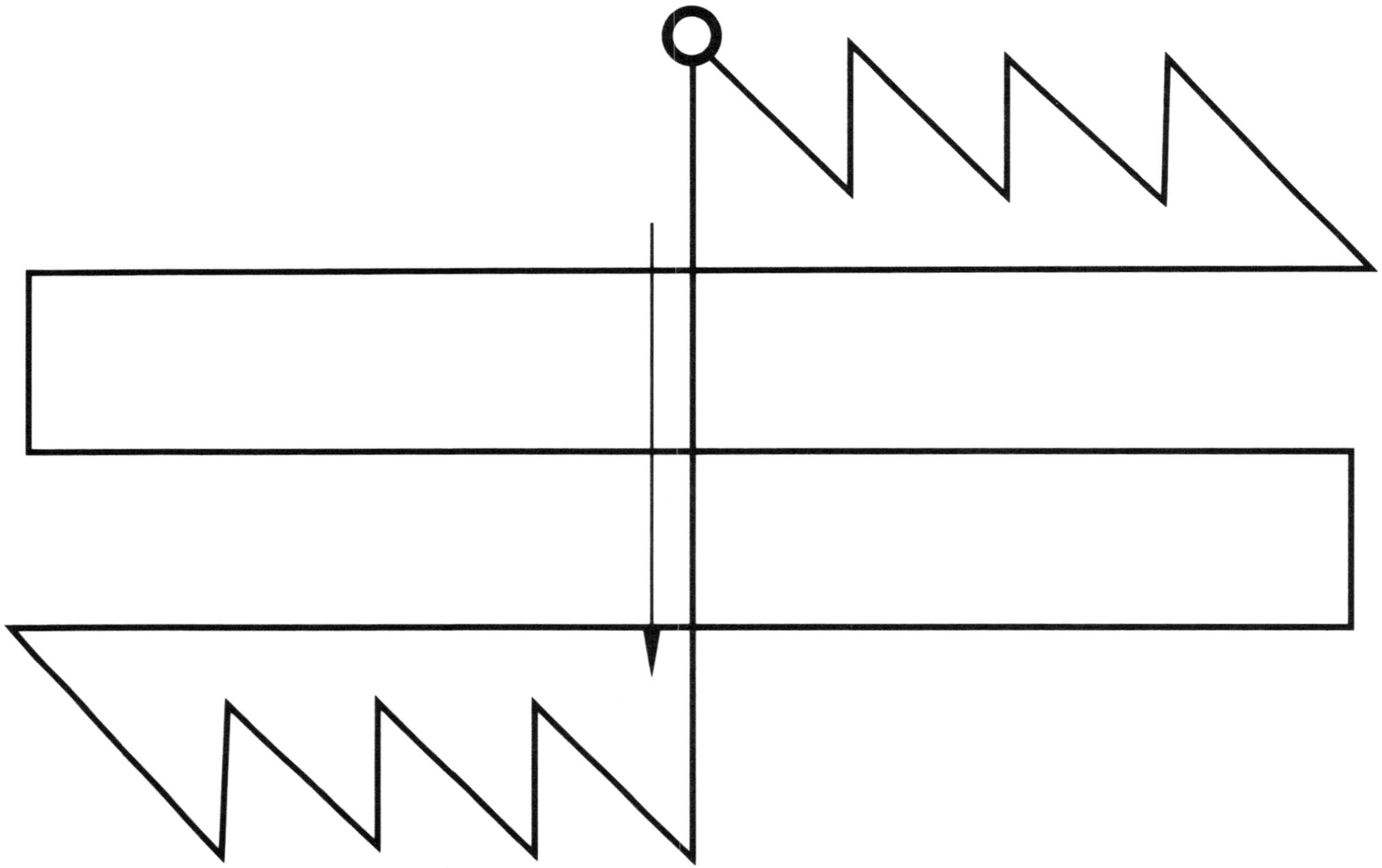

卡片 15

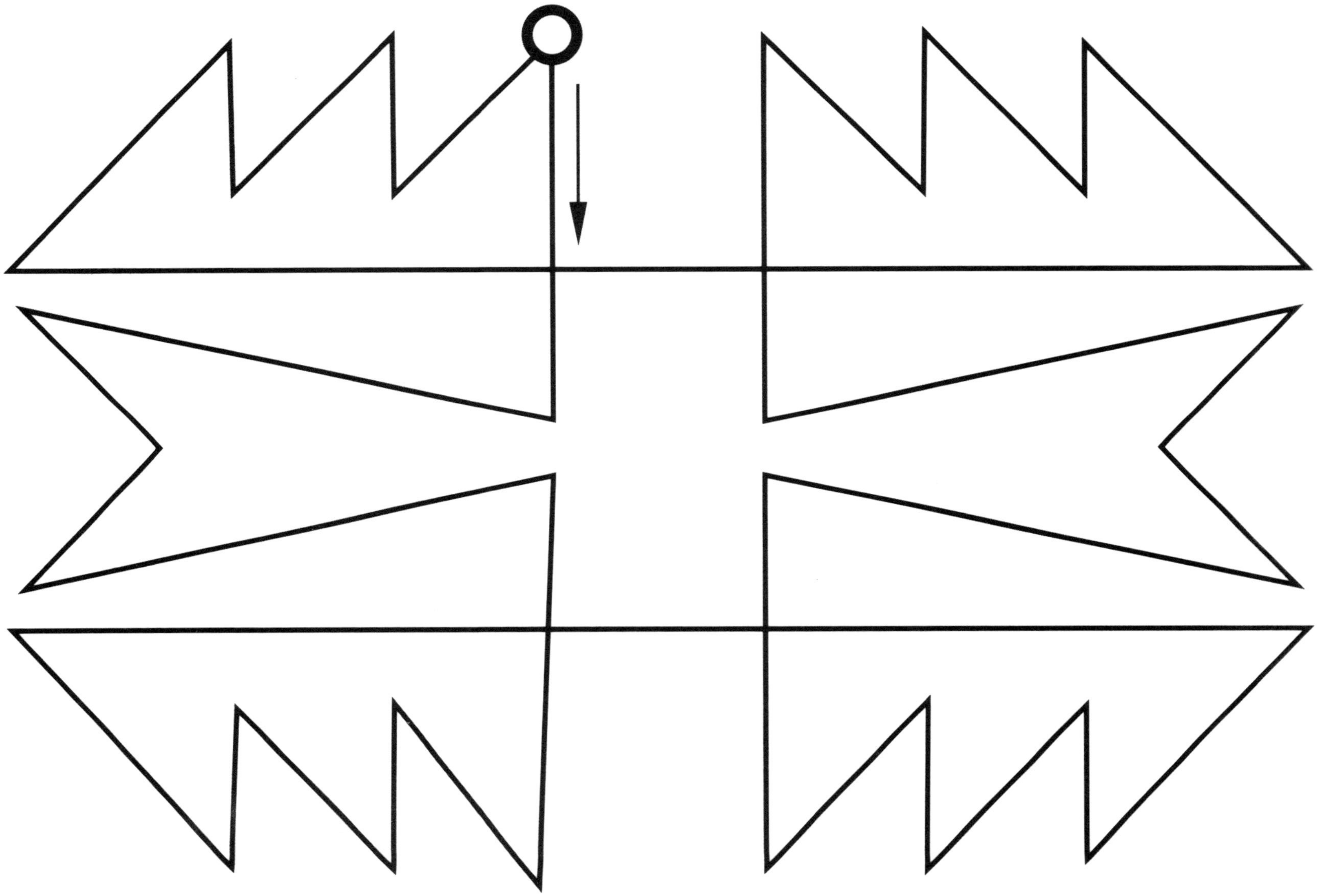

卡片 16

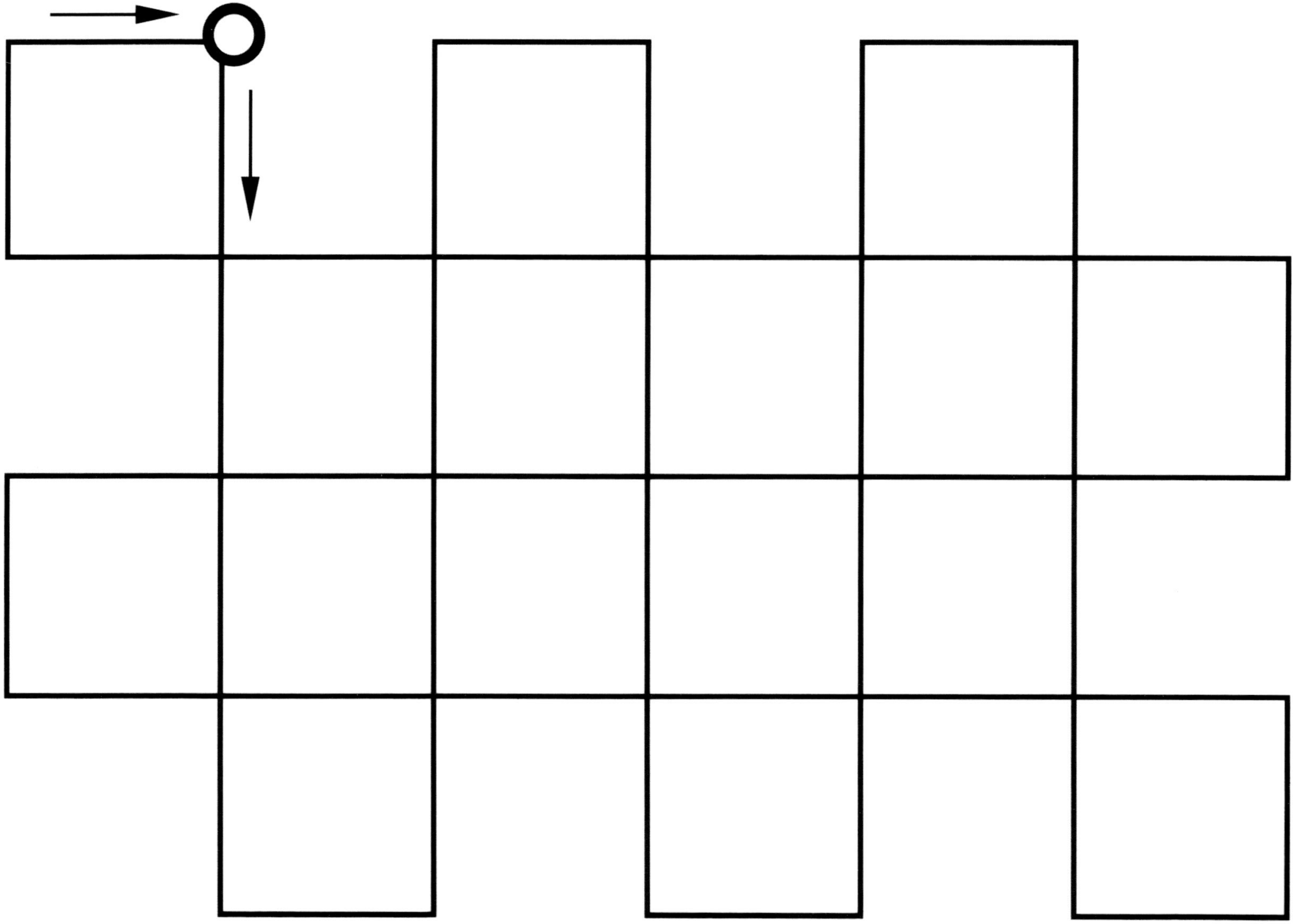

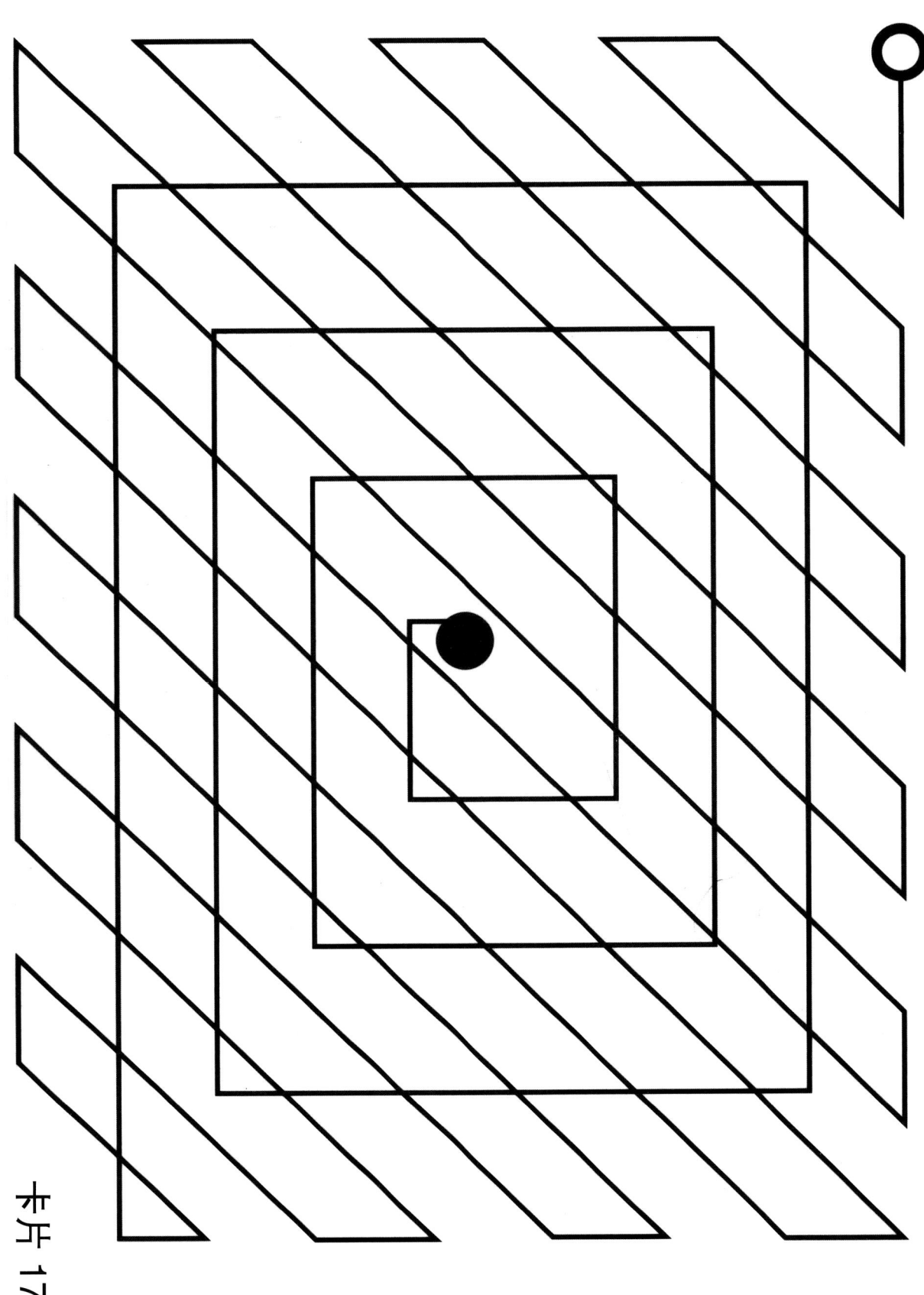

卡片 17

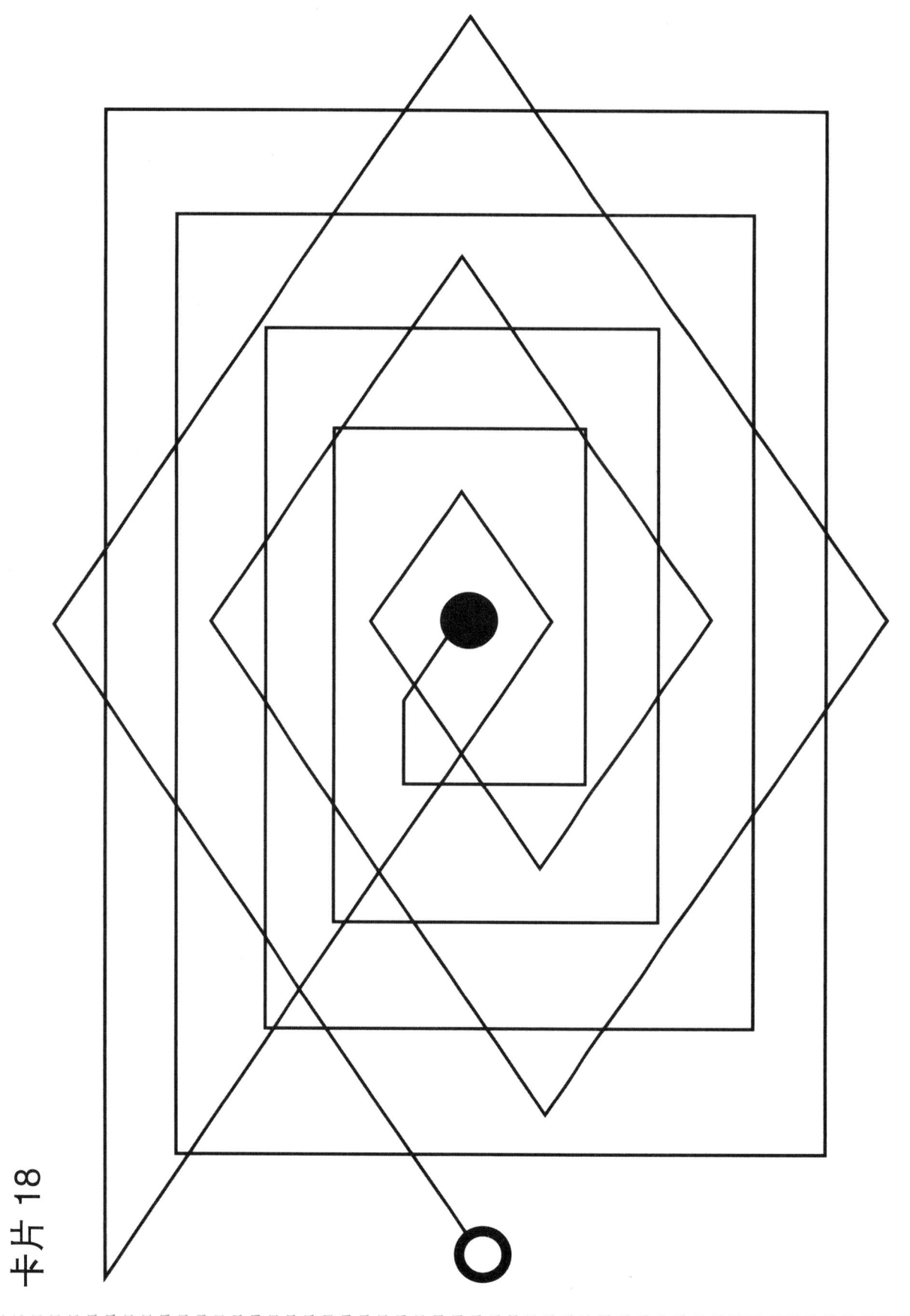

A

B

1

2

卡片 20

卡片 21

A ●

B ●

C ●

D ●

卡片 22

1 ○

2 ○

3 ○

4 ○